RÉGLEMENT

PROVISOIRE

SUR LE SERVICE

DES TROUPES A CHEVAL

EN CAMPAGNE.

DU 12 AOUT 1788.

A PARIS,

CHEZ MAGIMEL, Libraire pour l'Art Militaire, les Sciences et Arts, rue de Thionville, n°. 9.

1811.

AVIS.

On trouve chez le même Libraire, éditeur du *Journal Militaire*, tous les *Registres* et *Etats* nécessaires à la comptabilité des Corps de toutes les armes, ainsi que les *Ouvrages*, *Décrets*, *Réglemens*, *Instructions militaires*, *etc.*

Il se charge, en outre, de procurer tous les autres Ouvrages de quelques genres qu'ils soient, et de faire les abonnemens aux différens *Journaux*.

RÉGLEMENT

PROVISOIRE

Sur le service des troupes à cheval en campagne.

DU 12 AOUT 1788.

TITRE PREMIER.

Des préparatifs de campagne. Effets de campement et d'équipages des officiers supérieurs et subalternes.

ARTICLE PREMIER.

LES régimens devant être à l'avenir, suivant les dispositions de la nouvelle constitution des troupes, pourvues en tout temps des effets de campement qui leur sont nécessaires en temps de paix, S. M. y fera ajouter, par supplément, ceux qui auront rapport aux augmentations et circonstances de guerre, lorsqu'elle aura lieu.

Nota. S. M. se proposant de faire des améliorations dans l'espèce des effets de campement, et ayant ordonné en conséquence des essais dans les camps de la présente année, elle déterminera, d'après ces essais, le nombre, les formes et les dimensions desdits effets de campement, et fera insérer les détails qui y seront relatifs, dans le nouveau code ; mais les troupes devant recevoir et consommer les effets d'ancien modèle que l'état a dans ses magasins ; il sera adressé cette année une instruction particulière à chaque régiment sur les règles de campement.

Ces règles devant nécessairement varier, quand les tentes changeront de forme et de dimension ; et l'ordonnance définitive en devant faire mention, ainsi que des nouveaux modèles et des nouvelles règles qui seront adoptées en conséquence.

2. Les tentes et manteaux d'armes seront marqués en caractères noirs, du nom du régiment, du numéro de l'escadron, et de celui de la compagnie.

3. Il y aura un cordeau par régiment pour marquer le front du camp de chaque escadron, et un autre pour en marquer la profondeur.

Ces cordeaux seront divisés par toise et demi-toise, et désigneront de plus les endroits où les fourches des tentes devront être placées.

4. Les tentes, marmites et manteaux d'armes seront portés sur des charriots, ou chevaux de compagnie à ce destinés.

Nota. S. M. a ordonné des essais dans les camps de cette année, pour déterminer dans le code lequel de ces deux moyens de transport sera habituellement préféré.

5. Les marmites de cuivre étant sujettes au vert-de-gris, elles seront désormais de fer battu.

Nota. La forme en sera déterminée d'après les essais.

6. Il y aura aussi par chaque tente ou chambrée, une pelle, une pioche, une serpe et une hache.

7. On fera dans les premiers camps qui seront assemblés, diverses épreuves pour constater la manière la plus avantageuse de charger et de paqueter les chevaux; et d'après leur résultat, il sera dressé une instruction particulière, qui sera insérée dans l'ordonnance que S. M. rendra pour l'habillement et équipement des troupes à cheval, à laquelle chaque régiment se conformera.

8. Chaque cavalier sera pourvu d'un piquet ferré par les deux bouts, pour attacher son cheval.

9. Chaque chambrée sera pourvue d'un baril, ainsi que des mâts brisés et piquets nécessaires pour tendre la tente.

10. Soit que ces fournitures soient faites cette année des magasins de l'état, ou par les soins du conseil d'administration des régimens, les colonels veilleront avec attention à ce qu'elles soient de la meilleure qualité, et en rendront compte aux officiers généraux, lors de leurs revues.

11. Ils veilleront à ce que chaque compagnie prenne le plus grand soin desdites fournitures, S. M. les en rendant responsables, et ordonnant que celles qui se perdront ou se détruiront par la négligence du cavalier, soient payées sur la masse.

12. Ils tiendront la main à ce que les cavaliers et dragons soient distribués par tente et chambrées, de manière que l'ordre intérieur des compagnies subsiste dans le camp comme dans les quartiers.

13. Ils feront des revues du linge et des effets du cavalier, et les réduiront exactement, non compris ce qu'ils auront sur le corps, à ce qui est ou sera prescrit par l'ordonnance de l'habillement et équipement.

14. On exercera les cavaliers à seller, charger leurs chevaux, et monter à cheval au premier signal avec la plus grande promptitude, et sans avoir été prévenus auparavant de l'heure où cela leur seroit ordonné.

15. On les fera monter souvent à cheval avec leur équipement, et on leur fera faire d'abord une lieue, et ensuite plusieurs, pour accoutumer les cavaliers aux marches d'armée, et pour mettre les chevaux en haleine. On fera quelquefois ces marches dans le milieu du jour, pour habituer les hommes et les chevaux à supporter la chaleur.

16. On apprendra aux cavaliers à ficeler du fourrage, en leur faisant observer de le ficeler fin et serré, de manière qu'il fasse le plus petit volume possible.

17. Pendant que tout ce qui a été prescrit ci-dessus s'exécutera, les officiers supérieurs et subalternes se pourvoiront des équipages nécessaires pour entrer en campagne.

18. Ils auront attention de ne porter avec eux en campagne que ce qui leur sera exactement nécessaire; l'intention de S. M. étant, en cas que leurs équipages soient pris sans qu'ils en soient cause, de ne les dédommager que des effets qui leur étoient indispensables.

Nota. S. M. déterminera dans la rédaction du code tout ce qui a rapport aux équipages et aux chevaux des officiers supérieurs et subalternes, ainsi qu'aux boulangers, bouchers, vivandiers, etc., qui pourroient marcher à leur suite.

TITRE II.

Des revues d'entrée en campagne.

ARTICLE PREMIER.

AVANT que les régimens entrent en campagne, les officiers généraux divisionnaires examineront avec soin s'ils sont en état de tout point.

2. Ils feront, dans le même objet, une révision générale et exacte de tous les effets de campement et attirails de campagne, ainsi que des fournitures.

3. Ils marqueront les cavaliers et chevaux trop foibles et trop jeunes pour soutenir les fatigues de la campagne.

4. Les cavaliers et chevaux malingres, ou trop jeunes pour soutenir les fatigues de la campagne, seront laissés aux ordres d'un officier ou sous-officier, suivant leur nombre, au dépôt des recrues et remontes du régiment, pour s'y fortifier ou s'y rétablir, et rejoindre leur corps à la fin de la campagne, ou plutôt, suivant les circonstances.

5. Les officiers généraux divisionnaires s'assureront aussi que les équipages des officiers et les voitures des vivandiers soient conformes à ce qui sera prescrit, et ils feront rectifier ce qui n'y seroit pas conforme.

Ils continueront cette surveillance pendant toute la durée de la campagne, et ils en seront responsables au général de l'armée.

TITRE III.

De la marche des régimens pour se rendre à l'armée.

ARTICLE PREMIER.

LORSQU'UN régiment aura reçu les ordres de partir pour se rendre dans les cantonnemens voisins du lieu où l'armée doit s'assembler, il sera observé ce qui suit.

2. Si c'est pour cantonner, le logement sera composé ainsi qu'il sera prescrit dans l'ordonnance que S. M. se propose de rendre concernant les marches dans l'intérieur.

Si c'est pour se rendre au camp, le campement sera conforme à ce qui sera réglé ci-après au titre 6.

3. Le régiment s'assemblera, se formera et exécutera sa marche conformément à ce qui est prescrit dans l'ordonnance des manœuvres de la cavalerie.

4. Les équipages marcheront à la suite du régiment, le commandant en réglera l'escorte suivant leur nombre et les circonstances. Il aura été choisi d'avance, par le colonel, un maréchal-des-logis intelligent, pour faire les fonctions de vaguemestre pendant la campagne : ces fonctions seront détaillées aux Titres 21 et 25.

5. Les éclopés seront conduits par des officiers ou sous-officiers, suivant leur nombre, et marcheront, autant qu'il se pourra, à la suite des campemens.

6. Enfin on observera dans cette marche, pour la police et la discipline, toutes les précautions prescrites pour les marches dans l'intérieur de la république, et le commandant pourvoira à toutes celles que le voisinage plus ou moins grand des ennemis exigera pour la sûreté.

TITRE IV.

Des cantonnemens d'entrée de campagne.

ARTICLE PREMIER.

Le commandant du régiment profitera du temps qu'il demeurera dans ce cantonnement, pour exercer à tout ce qui est prescrit aux articles 15, 16, 17 et 18 du titre 1er.

2. Du jour que le régiment sera arrivé dans son cantonnement, chaque cavalier aura toujours, jusqu'à ce qu'il rentre en quartier d'hiver, son porte-manteau attaché sur la selle, et la bride de son cheval passée

à la fonte du pistolet; son sabre, son mousqueton et ses bottes ensemble, afin qu'au premier signal, ou en cas d'alarme, il puisse monter à cheval le plus promptement possible, armé et équipé de tout point, et se rendre de même au lieu d'assemblée indiqué pour la compagnie.

3. On fera exercer les équipages à être chargés et attelés le plus diligemment qu'il sera possible, et à se rendre promptement au rendez-vous qui leur aura été marqué, en cas d'alarme. Pour cela, les officiers observeront toujours d'avoir leurs ballots tout faits, et leurs voitures chargées, à moins qu'il n'en soit ordonné autrement.

4. Les commandans des régimens feront sonner quelquefois à cheval, tant de jour que de nuit, sans les en avoir prévenus, et feront punir sévèrement ceux qui seroient négligens à exécuter ce qui est prescrit ci-dessus.

5. Tout régiment qui sera cantonné dans un même quartier, devra être à cheval, prêt à partir et à combattre en huit minutes, et les équipages seront paquetés pour pouvoir être chargés en dix minutes.

6. Toutes les fois qu'on sonnera le boute-selle, ou dans les cas d'alarme, la garde de police se rendra au lieu où sera déposée la caisse, et ne la quittera pas qu'elle ne l'ait remise à l'escorte des équipages, et qu'elle ne soit en sûreté.

TITRE V.

Des Brigades.

ARTICLE PREMIER.

La formation des brigades et la répartition des régimens dans lesdites brigades, continueront d'être à la guerre telles qu'elles ont été fixées par l'ordonnance de l'organisation de l'armée.

2. Dans les brigades, le régiment chef de brigade

occupera toujours la droite, et le second régiment la gauche.

Cet ordre ne sera jamais changé, soit pour camper, marcher ou combattre.

3. Chaque brigade sera commandée, à la guerre comme à la paix, par un maréchal de camp.

En temps de guerre, ou dans les rassemblemens de troupes en temps de paix, le colonel le plus ancien de commission dans ce grade, commandera la brigade en l'absence du maréchal de camp.

4. Le major le plus ancien sera major de brigade, et en son absence, le major de l'autre régiment de la brigade en fera les fonctions.

Ces fonctions de major de brigade ne dispenseront point le major qui les remplira, de celles de son emploi dans le régiment.

5. S'il n'y a point de major dans la brigade, il sera suppléé par le plus ancien major en second.

TITRE VI.

Du campement.

ARTICLE PREMIER.

LORSQUE la brigade arrivera dans le lieu le plus à portée de celui où elle devra camper, le commandant de ladite brigade donnera avis de son arrivée au général de l'armée, et le major en informera le maréchal général des logis de la cavalerie.

2. Lorsque le commandant de la brigade aura reçu l'ordre de se rendre au camp, il fera partir à l'avance pour aller au campement, un adjudant par régiment, un maréchal-des-logis, deux brigadiers et un cavalier par compagnie.

Les cavaliers porteront les cordeaux, et les brigadiers se pourvoiront de fiches.

3. Ces campemens seront munis en outre d'un fa-

nion par escadron, pour marquer et aligner le camp; sur ces fanions seront écrits le nom du régiment, le numéro de l'escadron; ces fanions seront hauts de six pieds, et ferrés par le bas.

4. Il sera commandé, pour marcher avec ces campemens, un capitaine par brigade, et un lieutenant ou sous-lieutenant par régiment.

5. Les nouvelles gardes marcheront toujours à la suite des campemens.

6. Un des majors en second, commandé à cet effet alternativement, conduira et commandera le campement, et à son défaut, le capitaine de campement remplira ses fonctions.

7. Dans la saison où la terre sera couverte, il sera commandé quatre cavaliers de plus par escadron, avec des faulx, pour marcher à la suite des campemens, afin de faucher le terrain du camp aussitôt qu'il sera marqué.

8. Si les quartiers-maîtres des régimens ne sont pas plus utilement employés ailleurs par les commandans des régimens, ils marcheront avec les campemens pour s'y rendre aux ordres des commandans desdits campemens.

Aucun autre que les officiers, maréchaux-des-logis, brigadiers et cavaliers désignés ci-dessus, n'iront au campement.

9. Il marchera toujours avec les campemens de l'armée un détachement de la prévôté.

10. S'il se trouve des convalescens et chevaux éclopés dans les régimens, ils marcheront à la queue des campemens, à moins d'un ordre contraire, et seront conduits par des officiers, et sous-officiers proportionnés à leur nombre, qui seront responsables de ceux qui pourroient s'écarter dans la marche.

11. Aucune voiture, ni chevaux de bâts, ni valets, excepté un seul par officier de campement, ne pourront marcher avec les campemens.

12. Si un des régimens de la brigade arrive seul au camp, il se conformera à ce qui est prescrit ci-dessus.

TITRE VII.

De la forme du camp.

Article premier.

On ne s'assujétira point à camper sur des lignes droites, lorsqu'un léger changement dans les points de direction pourra faire gagner quelques commodités aux troupes, et les mettre à portée de leur champ de bataille, ou des débouchés de marche.

2. Lorsqu'il y aura quelques terrains bas ou marécageux, on les laissera en intervalle, étant essentiel de camper les troupes dans des terrains secs; on évitera de même, autant qu'il se pourra, de camper dans les prairies, l'humidité étant très-mal-saine pour les hommes et les chevaux.

3. On marquera toujours, pour plus d'exactitude, le camp des régimens avec le cordeau, un maréchal-des-logis en tiendra un bout, et demeurera fixe à la première fiche de son régiment, jusqu'à ce qu'un autre maréchal-des-logis, qui portera l'autre bout du cordeau, se trouve l'avoir tendu : on y placera une seconde fiche, et on répétera successivement cette opération.

4. On laissera toujours entre le camp de l'infanterie et celui de la cavalerie, vingt-cinq toises d'intervalle.

5. Lorsque le commandant de campement de la brigade aura reçu du maréchal général ou aide-maréchal général des logis de la cavalerie, le terrain qui lui est destiné, il le partagera entre les escadrons de sa brigade.

6. Les officiers de campement environneront ensuite le terrain de leur brigade de sentinelles tirées des cavaliers qui auront marché au campement pour servir à cet usage, afin qu'aucun maréchal-des-logis, bri-

brigadier ni cavalier ne puisse s'écarter. S'il se trouvoit des puits, des fontaines, des magasins ou des abreuvoirs dans le terrain du camp ou à portée, ils y feront aussi placer des sentinelles ; ces sentinelles seront relevées à l'arrivée des troupes, par des cavaliers de la garde de police.

7. Si le terrain obligeoit de faire quelques changemens dans les points de direction, lorsqu'on sera parvenu à l'angle ou coude du front de bandière, si cet angle est saillant, on laissera l'intervalle nécessaire entre les camps des deux escadrons qui en seront les plus proches, de manière que la queue de chacun de ces camps n'anticipe pas sur celle de l'autre.

8. Les camps des escadrons d'un même régiment et d'une même brigade, seront marqués dans le même ordre qui a été réglé titre 5, article 2.

9. L'intervalle d'une ligne à l'autre sera de cent cinquante toises ou environ.

10. Les escadrons camperont communément par demi-compagnie ou quart d'escadron, et il leur sera donné pour lors trente toises pour le front de chaque escadron.

11. Les escadrons pourront aussi camper, quand le général jugera à propos de diminuer le front de son camp, par compagnie, et pour lors il ne leur sera donné que quinze toises par escadron.

12. On ne laissera aucun intervalle entre les escadrons d'un même régiment.

Nota. Les proportions du camp par quart de compagnie ou par section, ainsi que l'objet de cette forme de camp, seront déterminés dans le code.

Les dimensions de campement intérieur des escadrons devant être calculées sur la force et la mesure des tentes, elles ne seront aussi traitées que dans la rédaction du code, et il sera adressé aux troupes qui devront camper cette année, une instruction momentanée qu'elles doivent recevoir, relative aux dimensions actuelles des tentes.

13. Pour éviter toute difficulté sur la fixation du terrain de chaque brigade, sa largeur sera comptée, à l'égard de celles qui seront campées en première

ligne, depuis l'alignement de l'encoignure de la première tente de la droite, jusqu'à celui de la première tente de la brigade suivante, et sa profondeur jusqu'à quatre-vingt toises en arrière.

14. Le camp étant marqué, les sous-officiers, les brigadiers de campement et les sentinelles empêcheront que les troupes ne passent ailleurs que par les grands intervalles.

15. Aucun officier supérieur, ou autre, ne pourront se loger, eux, leurs chevaux, domestiques, ou équipages, quand même il y auroit des maisons de vides dans le terrain de leurs brigades, à moins qu'ils n'en aient obtenu la permission par écrit du maréchal général des logis de la cavalerie, qui prendra à cet effet l'ordre du général, et en enverra ensuite une note au maréchal général des logis de l'armée, pour qu'il leur soit marqué un logement.

Ces permissions ne seront accordées que pour cause de maladie bien constatée, et seront demandées dans la forme et suivant les gradations prescrites.

16. Lorsqu'on verra arriver la tête des troupes qui devront camper, le commandant du campement fera partir les officiers de campement; savoir, le capitaine, pour aller au-devant de la brigade, le lieutenant au-devant des menus équipages, et le sous-lieutenant au-devant des gros.

17. Ces officiers reconnoîtront avant de partir les chemins par lesquels les troupes et les équipages pourront entrer dans le camp sans embarras.

TITRE VIII.

Des établissemens dans les camps.

ARTICLE PREMIER.

AUSSITÔT que le camp sera marqué, si l'on est dans la saison où la terre est couverte, les faucheurs travailleront à faucher le camp; ils commenceront à faucher le front de bandière sur dix toises de hauteur, depuis les fiches d'alignement. On leur fera observer de faucher également le terrain, de manière que le grain qui restera sur pied, en avant, soit aligné pareillement au front de bandière.

2. Les officiers de campement auront soin d'empêcher de gâter les grains et fourrages en marquant le camp ; et lorsque les troupes y entreront, ils consigneront aux sentinelles d'y avoir attention.

3. Lorsque le terrain du front de bandière sera fauché, les faucheurs couperont le terrain du camp des cavaliers, y compris les rues, intervalles et cuisines.

4. Le fourrage qui se trouvera dans le front de bandière et dans le terrain du camp des compagnies, celui qui se trouvera dans le terrain des tentes des officiers, sera pour les officiers ; et celui dans l'intervalle des cuisines aux tentes des officiers, pour les vivandiers.

5. Les valets des officiers et les vivandiers faucheront diligemment, dès qu'ils seront arrivés, les terrains qui leur seront destinés.

6. Les officiers supérieurs des régimens tiendront la main à ce que tout le fourrage fauché soit ramassé et conservé avec le plus grand soin, et qu'il n'en soit fait que la consommation nécessaire.

7. Lorsque la cavalerie approchera du terrain de son camp, les trompettes sonneront, et les cavaliers s'aligneront plus exactement.

8. Les régimens continueront de marcher sur le même front qu'ils auront fait pendant la marche, et chaque division se mettra successivement en bataille.

9. Les piquets se porteront en avant du centre de leurs régimens, et s'y placeront, comme il sera dit ci-après au titre 9, du piquet.

10. Les sous-officiers, cavaliers de garde iront tout de suite mettre les chevaux au piquet, et exécuteront ensuite ce qui est prescrit au titre 9.

11. Le commandant du régiment fera partir les cavaliers commandés pour être d'ordonnance.

12. Il enverra pareillement le vaguemestre du régiment au vaguemestre général de l'armée, pour se faire inscrire par lui sur l'état qu'il doit en tenir, ainsi qu'il sera dit ci-après au titre 2 des équipages.

13. Pendant que tout cela s'exécutera, il ne sera permis à personne de quitter son rang.

14. Lorsque le commandant de la brigade ou du régiment aura reçu l'ordre pour faire entrer la brigade ou le régiment dans son camp, il fera exécuter ce mouvement, ainsi qu'il est prescrit dans l'ordonnance des manœuvres.

On observera de faire entrer les troupes dans le camp le plutôt qu'il sera possible.

15. Dès que les cavaliers auront mis pied à terre, les commandans des compagnies feront planter diligemment les piquets des chevaux; le chef des chambrées placera les cordes, et les chevaux y seront attachés tout de suite, sans être débridés.

16. Dès que les charriots ou chevaux des tentes seront arrivés, et que chaque chambrée aura pris celle qui lui appartient, les cavaliers la déplieront, y placeront les mâts, et se tiendront prêts à les élever à la fois au signal que le commandant du régiment fera donner par un trompette.

17. Les officiers des compagnies auront attention que les mâts soient mis exactement à la place des fiches, et que les tentes soient toutes bien alignées, tant sur le front que sur la profondeur du camp.

18. Les tentes étant tendues, les cavaliers se mettront en veste et en bonnet, se débotteront, desselleront leurs chevaux, et arrangeront leurs harnois et leurs armes dans les tentes.

19. Aucun officier ne pourra mettre pied à terre, ni quitter le terrain du camp de sa troupe pour aller au sien, que tout ce qui est marqué ci-dessus n'ait été exécuté : les officiers des compagnies tiendront la main à ce que l'on ait soin des chevaux qui n'ont point de maître, ainsi que de leurs harnois et des armes.

20. On assemblera ensuite les cavaliers par compa-

gnie, en nombre suffisant pour aller à l'eau, au bois et autres distributions, lesquels seront conduits en bon ordre, suivant leur nombre, par des officiers, sous-officiers et cavaliers armés; cette escorte sera chargée de les contenir, et les ramenera en faisant leur arrière-garde.

21. Les officiers et sous-officiers feront ensuite balayer et aplanir les rues et la tête du camp.

22. Ils empêcheront de faire du feu ailleurs qu'aux places marquées pour les cuisines et pour les forges.

23. Les commandans des brigades et officiers supérieurs des régimens resteront à cheval jusqu'à ce que le camp soit tendu, les sentinelles placées et les cavaliers partis pour les distributions.

24. Les colonels et les officiers supérieurs de jour de chaque brigade, iront ensuite reconnoître les communications nécessaires à la droite et à la gauche du front du camp, ainsi que celles pour communiquer avec la deuxième ligne, s'ils sont placés en première, et avec la première ligne, s'ils sont campés en seconde ligne.

25. Les officiers supérieurs de jour feront commander sur-le-champ des hommes de corvée pour travailler aux communications, et y feront travailler aussitôt, sans pouvoir retarder ce travail sous aucun prétexte. Ces communications seront faites le premier jour, larges de cinq toises, et seront portées à trente dans les camps où l'on séjournera.

26. Ce travail des communications à faire entre les deux lignes et des terrains à aplanir, sera réparti également aux régimens des deux lignes. La distance d'une ligne à l'autre sera mesurée depuis les quinze toises en avant du front de bandière de la seconde ligne, jusqu'aux tentes des officiers supérieurs de la première, et cet espace sera divisé également entre elles.

Lorsque le travail des communications sera trop difficile pour être fait avec les outils des régimens, le major enverra un officier au parc d'artillerie le plus prochain, pour en demander de plus forts, et il en sera donné sur le reçu de l'officier qui ira les prendre, et en retirera son reçu en les rapportant, sans quoi ils seront payés par le régiment.

Quand l'ouverture des communications exigera des ponts considérables à faire, ou d'autres travaux de nature à ne pouvoir être exécutés que par des compagnies d'ouvriers, le major en rendra compte au maréchal général des logis de la cavalerie, qui en avertira l'état-major général de l'armée, afin qu'il donne les ordres nécessaires à l'artillerie pour la construction de ces ouvrages.

27. A l'égard des communications à faire sur les flancs et le long du front du camp, le terrain dont chaque régiment sera chargé, contiendra depuis la première tente de la compagnie de droite jusqu'à la première du régiment qui sera campé à sa gauche, l'intervalle de l'un à l'autre étant censé faire partie du terrain qui aura été distribué au premier pour camper.

28. Les capitaines de police de chaque régiment iront reconnoître les abreuvoirs, pour faire mettre en état ceux qui seroient praticables, et désigner ceux qui pourroient être dangereux.

29. Pendant que les colonels et officiers supérieurs de jour donneront les ordres pour les communications, les maréchaux-de-camp commandant les brigades visiteront le pays cinq ou six cents pas en avant du camp, s'ils sont campés en première ligne, ou en arrière, s'ils sont en seconde ligne, pour reconnoître les gardes qui ont dû être placés par les officiers généraux de jour, ainsi que les environs du camp, et prendre les précautions convenables pour la sûreté du camp; après quoi ils feront rentrer le piquet.

Ces officiers supérieurs ne pourront jamais mettre pied à terre ni quitter le camp, qu'après avoir exécuté ce qui est prescrit ci-dessus, chacun pour ce qui le concerne.

30. Les chapelles seront construites à la droite du premier escadron, dans l'intervalle d'un régiment à l'autre, derrière la tente de la garde de police.

31. On fera creuser deux latrines par régiment, pour les cavaliers, à cinquante toises en avant du front de bandière : il en sera creusé deux autres à vingt toises en arrière des tentes des officiers, pour leur usage. Il sera consigné aux sentinelles du camp d'empêcher que personne n'aille, pour ses besoins, ailleurs qu'aux latrines.

32. On mettra des appuis à la place où ces latrines auront été ouvertes, et on les entourera d'une feuillée : tous les huit jours on en fera de nouvelles, et on comblera les anciennes, qu'on marquera avec un jalon très-marquant.

33. Dans les régimens où il y aura des bouchers, les quartiers-maîtres leur indiqueront les terrains où ils devront se placer, pour qu'ils ne causent point d'infection dans le camp, et les obligeront d'enterrer les entrailles des bestiaux qu'ils tueront.

34. On commandera pour toutes les corvées ordonnées ci-dessus, le nombre de cavaliers nécessaire ; et lorsqu'il y en aura à punir pour des fautes ordinaires, on les emploiera à ces travaux.

35. Il sera commandé des sous-officiers avec les travailleurs, pour les conduire et leur faire exécuter ce qui leur aura été prescrit ; et lorsque le nombre en sera considérable, on y commandera des officiers : ceux de police seront particulièrement chargés de veiller au travail des communications et à la propreté du camp.

36. Les majors des régimens, le premier jour qu'ils arriveront au camp, et ensuite le premier jour de chaque mois, enverront au maréchal général des logis de la cavalerie, un état de situation conforme aux modèles établis.

37. Les majors enverront en même temps au maréchal général des logis de la cavalerie un état de ce qu'il y aura de poudre, balles et pierres à fusil dans leur régiment, pour qu'il fasse compléter les approvisionnemens de ce genre dont le général aura ordonné que ces régimens soient pourvus.

TITRE IX.

Des piquets et du service intérieur de garde et de partie du camp.

ARTICLE PREMIER.

Il y aura journellement dans chaque compagnie et troupes à cheval deux escouades de service, lesquelles seront, pendant les vingt-quatre heures, armées et équipées de tout point, et destinées à la fois à garder tant le front que l'intérieur et l'enceinte du camp, et à fournir les gardes extérieures aux détachemens qui pourroient être commandés.

2. Les escouades seront composées chacune de six hommes, dont un brigadier ou un appointé, formant en totalité, dans un régiment de trois escadrons, soixante-douze hommes, dont six brigadiers et six appointés, indépendamment de deux maréchaux-des-logis et de deux trompettes.

3. Ces cavaliers seront répartis ainsi qu'il suit :

1°. A une garde d'étendards par régiment, qui servira en même temps à la police du camp.

Cette garde sera composée d'un maréchal-des-logis, de quatre escouades et un trompette.

L'objet et le service de cette garde seront fixés ci-après :

2°. En un piquet premier à marcher, lequel restera composé de huit escouades, un maréchal-des-logis et un trompette, formation correspondante à celle du demi-détachement, qui sera commandé par un capitaine, et à la proportion d'une compagnie qui est son commandement constitutionnel ; tandis que le détachement entier, commandé par le chef d'escadron, sera du double, et répondra au pied de l'escadron, qui est aussi le commandement qui lui est attribué par la constitution.

4. Il sera commandé pour la police du camp un capitaine de police par régiment. La garde de police sera à ses ordres ; et pendant la durée de vingt-quatre heures, il sera chargé de tout ce qui a rapport à la sûreté, à la police et à la discipline du camp.

Il aura sous lui un lieutenant ou sous-lieutenant par régiment, et ils se partageront les vingt-quatre heures entre eux, de manière qu'il y en ait toujours un que la surveillance la plus active et la plus assidue mette dans le cas de répondre de tout ce qui pourra se passer dans l'enceinte du camp.

5. Les officiers, sous-officiers et cavaliers de piquet seront relevés tous les jours à l'heure de la garde.

6. Les piquets étant spécialement destinés à fournir tous les détachemens, ainsi que les gardes ordinaires qui pourroient être commandées dans les vingt-quatre heures, ils seront toujours tenus complets dans la proportion indiquée ci-dessus ; et, à cet effet, chaque escouade du piquet qui viendra à marcher, sera remplacée sur le-champ : le service étant égalisé de façon qu'il n'en marche jamais deux d'une même compagnie, que toutes celles du régiment n'aient fourni la leur.

7. Pour que les escouades de piquets qui viendroient à marcher puissent être remplacées avec promptitude, il y aura dans chaque compagnie une escouade de même composition, désignée sous le nom d'escouade de remplacement au piquet. Les hommes qui seront de cette escouade ne seront point tenus à être habillés et équipés, ni d'avoir leurs chevaux sellés ; mais ils ne pourront être commandés pour aucun service, et seront assujétis à ne pas sortir du camp, jusqu'à ce qu'ils soient de service effectif.

8. Les escouades premières à marcher relèveront les piquets tous les jours à l'heure de la garde, et seront remplacées le lendemain, soit qu'elles aient été employées ou non pendant les vingt-quatre heures.

Quatre escouades de ce piquet relèveront, une heure après la garde, la garde de police et d'étendards.

9. Les escouades qui seront tirées des piquets, après la retraite battue, pour quelque détachement, ne seront, à moins d'ordre contraire, remplacées que le lendemain, une heure avant l'assemblée des gardes.

10. Les officiers descendant le piquet, soit qu'ils en soient depuis vingt-quatre heures, soit qu'ils y aient été remplacés dans les vingt-quatre heures, seront de police pendant les vingt-quatre heures suivantes, après lesquelles leur tour de service sera fini.

11. Indépendamment du capitaine et du lieutenant ou sous-lieutenant de piquet par régiment, il sera commandé un chef d'escadron par brigade, qui, lorsque les piquets des deux régimens seront réunis, en prendra le commandement.

Le chef d'escadron n'étant jamais de police, son tour sera passé au bout des vingt-quatre heures, soit que les piquets aient marché ou non.

12. Lorsqu'un régiment de la brigade sera détaché, le piquet ne sera commandé que par un capitaine et un lieutenant ou sous-lieutenant : les chefs-d'escadron ne devant prendre part à ce service que quand la brigade est réunie.

13. Pour que les officiers de piquets puissent être remplacés avec la même promptitude que les cavaliers, indépendamment des officiers de piquets, les officiers premiers à marcher ne quitteront jamais le camp de leur régiment, afin de pouvoir être avertis et prêts à remplacer le piquet aussitôt qu'ils seront commandés.

14. Les officiers et cavaliers de piquet coucheront habillés, et auront leurs chevaux sellés et prêts à brider.

15. A l'arrivée au camp, les piquets seront à cheval au centre du camp de la brigade, à dix toises en avant du front de bandière ; ils y demeureront, moitié à cheval et l'autre à pied, alternativement, jusqu'à ce que les cavaliers qui ont été envoyés à l'eau, au bois et au fourrage, soient revenus.

16. Tous les jours, à l'heure des gardes, l'ancien et le nouveau piquet monteront à cheval au centre de la brigade, pour être inspectés par l'officier supérieur de jour.

Les nouveaux piquets prendront la droite des anciens.

17. L'inspection faite, les anciens et nouveaux piquets rentreront dans le camp ; et une heure après, les officiers descendant le piquet et entrant de police rassembleront les quatre escouades qui doivent monter la garde des étendards, et la feront relever.

18. Une heure avant la retraite, les piquets monteront à cheval, ils seront inspectés de nouveau, et rentreront ensuite au camp.

S'il y avoit quelque alarme pendant la nuit, les piquets monteroient à cheval promptement et se porteroient à la tête du camp de la brigade, où ils attendroient les ordres des officiers supérieurs de jour de la brigade, ou du maréchal-de-camp de jour de la division.

19. Lorsque les piquets iront à l'abreuvoir, ils y seront conduits par moitié par des officiers et sous-officiers.

20. Les jours de fourrages, les nouveaux piquets monteront à cheval et placeront des vedettes à la tête et à la queue du camp pour empêcher les cavaliers et valets de sortir avant que les fourrageurs aient reçu ordre de partir.

Ces mêmes jours, ils resteront à la tête du camp, partie à cheval, partie à pied, jusqu'à ce que les fourrageurs soient revenus.

Les jours de marche, les piquets monteront à cheval, au boute-selle, et entoureront le camp de vedettes, pour empêcher qu'aucun cavalier ou équipages ne sortent avant l'heure marquée.

21. Lorsque les régimens se mettront en bataille pour des revues, manœuvres ou actions de guerre, les piquets rentreront dans les compagnies.

22. Lorsque quelque circonstance aura fait juger nécessaire de faire coucher les piquets au bivouac, le service des officiers, sous-officiers et cavaliers qui les composent, sera censé fait, comme s'ils avoient marché.

Lorsque les piquets bivouaqueront, ils se rassembleront au centre de la brigade, et le chef d'escadron de piquet d'un des deux régimens en prendra le commandement.

23. Les piquets ne monteront jamais à cheval sans un ordre du général, des officiers généraux ou supérieurs de jour, du commandant de la division ou de la brigade, du maréchal général des logis de la cavalerie, ou en cas d'alarme.

24. Ils ne rendront jamais d'honneur à personne; mais lorsqu'ils auront à paroître, pour faire voir qu'ils sont en état, les cavaliers sortiront bottés avec leur bandoulière et leur sabre, mais sans mousqueton, et se mettront en haie dans les rues de leur compagnie, les officiers et sous-officiers placés en avant de leur compagnie.

25. Ils se présenteront en cet état au commandant de l'armée, aux maréchaux de France, au commandant de la cavalerie, aux officiers généraux de jour et au maréchal général des logis de la cavalerie, lorsqu'ils le demanderont.

26. La garde de police et d'étendards, commandée par un maréchal-des-logis, sous les ordres des officiers de police, fera le service à pied; les cavaliers et les brigadiers seront en bottes, armés de leur mousqueton et de leur sabre.

27. Il sera affecté aux quatre escouades qui composent la garde de police et d'étendards les tentes nécessaires pour les recevoir, déduction faite des sentinelles qu'elles doivent fournir.

Ces tentes seront placées à la droite du premier escadron, dans l'intervalle, l'ouverture des tentes du côté du front de bandière.

Il sera de même affecté un manteau d'armes et chevalet, qui sera placé en avant de ces tentes; les étendards seront plantés à côté du chevalet.

28. La garde d'étendards prendra les armes pour le général, les officiers généraux et supérieurs de jour, commandant de la cavalerie, commandans de la division et de la brigade, et le maréchal général des logis de la cavalerie, ainsi que lorsqu'une troupe quelconque passera le long du front du camp.

29. Elle se mettra sur deux rangs, le maréchal-des-logis le sabre à la main, les brigadiers et cavaliers portant leur mousqueton.

30. Le maréchal-des-logis de la garde de police enverra successivement quatre cavaliers manger la soupe et panser leurs chevaux.

31. Cette garde fournira pendant le jour trois sentinelles; savoir,

Une aux étendards, qui seront réunis à côté du chevalet de la garde.

La seconde, vers la gauche du régiment sur le front de bandière.

Et une troisième, à la tente du commandant du régiment.

Après la retraite, elle en placera une quatrième de plus, au centre du front de bandière, et trois autres à la droite, à la gauche et au centre des dernières tentes de la queue des compagnies.

Ces sentinelles se promèneront chacune dans leur partie, pour voir s'il ne se détache pas de chevaux, et veiller aux accidens qui pourroient arriver.

32. Elle recevra les visites des postes, ainsi qu'il sera dit au titre des gardes dans leur poste.

33. S'il se présentoit une troupe pour entrer au camp pendant la nuit, ou qui passât à portée de son poste, elle suivroit ce qui est prescrit dans le même titre.

34. Les jours de marche, lorsqu'on sonnera le boute-selle, le maréchal-des-logis commandant la garde de police, enverra successivement la moitié des cavaliers pour aller seller, charger et arranger leurs chevaux; et lorsqu'on sonnera à cheval, et que les porte-étendards auront pris leurs étendards, la garde du camp ira diligemment monter à cheval, et chaque cavalier rentrera dans sa compagnie.

35. A l'arrivée au nouveau camp, les cavaliers de garde d'étendards iront tout de suite mettre leurs chevaux au piquet de leur compagnie, et se rendront promptement à pied, en bottes et avec leurs armes, quatre pas en avant de la droite du régiment.

36. Lorsqu'on fera rentrer le régiment, les porte-étendards se placeront en avant de la garde de police où les étendards seront plantés, et quand le brigadier de la garde y aura posé une sentinelle, ils rentreront au camp.

37. S'il y avoit des prisonniers à la garde des étendards, le maréchal-des-logis enverroit d'avance le brigadier, avec la moitié de la garde, monter à cheval; et lorsqu'il seroit revenu au poste de la garde de police, le maréchal-des logis iroit lui-même monter à cheval avec l'autre moitié, et rejoindroit promptement sa garde pour se porter ensuite où le capitaine de police lui indiqueroit.

TITRE X.

De la composition des gardes et détachemens, et de l'ordre à observer dans les régimens pour commander le service.

ARTICLE PREMIER.

LES majors des brigades tiendront un contrôle des régimens de leur brigade, où ils marqueront les officiers et cavaliers qui seront commandés par proportion du nombre de leurs escadrons, et par rang de régiment, en commençant par le régiment chef de brigade.

2. Chaque major de régiment tiendra un contrôle des escadrons dudit régiment, compagnie par compagnie; sur lequel il marquera les officiers, maréchaux-des-logis, brigadiers et cavaliers qui seront commandés.

3. Ces contrôles commenceront du jour de l'arrivée des régimens au lieu de l'assemblée de l'armée, et seront continués jusqu'à la fin de la guerre, de manière qu'ils soient suivis sans interruption, soit dans les camps, cantonnemens ou quartiers d'hiver.

4. Le service de la cavalerie sera divisé en service à cheval et service à pied.

5. Il y aura deux tours pour le service à cheval.

Le premier sera pour toutes les gardes, détachemens et piquets;

Le deuxième pour les gardes d'honneur.

6. Le service à pied sera partagé en deux tours:

Le premier pour les gardes à pied;

Le deuxième pour les corvées. Les petites escortes pour les fourrages, quoiqu'armées et à cheval, seront comprises dans le tour des corvées. Il en sera de même des détachemens commandés pour assister aux exécutions.

7. Tout service à cheval sera commandé par la tête; tout service à pied par la queue, en suivant exactement le rang d'ancienneté des chefs d'escadron, et faisant marcher les capitaines et les officiers subalternes suivant celui des compagnies auxquelles ils seront attachés; ce qui n'empêchera pas que ceux du même régiment ne commandent entre eux, suivant leur rang d'ancienneté. On observera cependant de ne jamais commander pour le même détachement des officiers de la même compagnie; pour cela, au commencement de la campagne, on commandera pour le premier détachement le premier capitaine et le lieutenant de la deuxième compagnie de l'escadron, et le lieutenant de la première compagnie ne marchera qu'avec le second détachement. Le tableau sera fait ainsi; et si, dans le courant de la campagne, il se rencontroit que les capitaines et les lieutenans ou sous-lieutenans d'une même compagnie se trouvassent à marcher les premiers pour le même détachement, le tour du grade inférieur sera passé pour être repris au détachement suivant. Il en sera usé de même pour les différentes espèces de tour de service.

8. Lorsque le général, le commandant du camp, celui d'une réserve ou d'une aile demandera des officiers d'ordonnance, ils seront tirés d'entre les officiers subalternes, au choix du commandant du régiment, pourvu qu'ils ne se trouvent pas les premiers

à marcher, l'intention de S. M. étant que le service d'ordonnance ne prive jamais un officier de remplir son premier tour de service; mais il ne reprendra pas le second tour de service qui pourroit lui être échu pendant qu'il seroit employé d'ordonnance.

9. Le commandant du régiment choisira de même les sous-officiers d'ordonnance quand l'officier général commandant une réserve ou une division desirera en avoir auprès de lui.

10. Les sous-officiers seront pareillement commandés par rang de compagnie : il n'y aura pour eux que deux sortes de service, l'un à cheval, et l'autre à pied. La garde de police ne sera pas regardée comme un tour, puisqu'elle n'est que la continuation du piquet.

11. Le second tour de service sera toujours autant qu'il se pourra, subordonné au premier. Ainsi, toutes les fois qu'un officier employé à un des genres de service du second tour, se trouvera commandé pour marcher à un service du premier, et qu'il pourra être rendu avant le départ du détachement ou de la garde, sans qu'il en résulte aucun retard à l'heure ordonnée, il quittera le service auquel il étoit employé, bien entendu que le régiment l'y fera remplacer par un officier de même grade.

12. Tout officier qui, étant à marcher pour un détachement ou garde à cheval, ne se trouvera pas au camp quand on le commandera, ou ne pourra faire ce service pour quelque cause que ce soit, sera remplacé par celui qui le suivra, et son tour sera passé.

Il ne pourra même venir prendre le commandement du détachement, ni de la garde, aussitôt qu'elle aura passé les gardes ordinaires de l'armée.

13. Le service du premier tour ne sera censé fait pour les officiers, sous-officiers et cavaliers, que lorsqu'ils auront marché à un détachement qui aura passé la garde du camp, qu'ils auront été postés avec leurs gardes ou couché au bivouac avec le piquet, ou été de garde de police.

14. Le second tour de service ne sera de même censé fait que lorsqu'on aura été employé, qu'on aura passé

les gardes du camp, ou qu'on sera sorti de l'enceinte de la brigade.

15. L'officier qui commandera le régiment par accident, sera exempt de tout autre service pendant le temps qu'il commandera, et il n'en reprendra aucun.

16. Il sera commandé un lieutenant d'ordonnance, premier à marcher au tour et à titre de détachement, pour accompagner le colonel lorsque celui-ci sera détaché.

Les lieutenans-colonels, majors en premier et majors en second, allant en détachement sans le commander, ne seront point accompagnés d'un officier d'ordonnance; mais lorsqu'ils commanderont le détachement, ou qu'ils seront de jour pour la brigade, il leur sera donné un lieutenant d'ordonnance, pris de même au tour des premiers à marcher par détachement.

17. Tous les détachemens et gardes quelconques seront formés, selon leur force, d'escouades tirées de piquet.

18. Toutes les gardes et détachemens seront d'un nombre d'escouades proportionnées à leur objet.

19. Le détachement du chef d'escadron sera de seize escouades, formant :

80 Cavaliers.
8 Brigadiers.
8 Appointés.
2 Maréchaux-des-logis.
2 Trompettes.

Total 100 hommes,

Non compris un capitaine ou deux, et deux lieutenans ou sous-lieutenans; c'est-à-dire que si les cent chevaux sont tirés du même régiment, il sera composé :

D'un chef d'escadron.
D'un capitaine.
2 Lieutenans ou sous-lieutenans.
100 sous-officiers ou cavaliers.

Mais s'il étoit composé des deux piquets de la brigade, il sera commandé par

Un chef d'escadron, et composé de
2 capitaines.
1 Lieutenant.
1. Sous-lieutenant.
100 Sous-officiers ou cavaliers.

20. Les détachemens de capitaine seront de huit escouades; ils auront à leurs ordres un lieutenant ou sous-lieutenant, lesquels rouleront à cet effet ensemble :

1 Maréchal-des-logis.
1 Trompette.
48 Tant brigadiers, appointés que cavaliers.

21. Les détachemens de lieutenans en premier et en second, qui rouleront à cet effet ensemble, seront de quatre à six escouades, avec un maréchal-des-logis.

22. Ceux de sous-lieutenant seront de trois à quatre escouades, avec un maréchal-des-logis.

23. Ceux de maréchaux-des-logis seront de deux à trois, à l'exception de la garde de police, qui, quoique commandée par un maréchal-des-logis, sera de quatre escouades.

24. Ceux de brigadier seront d'une escouade ou de quatre cavaliers.

25. Les six hommes d'une même escouade ne seront séparés que le moins possible.

26. Lorsqu'une compagnie aura fourni une escouade à un détachement de plusieurs jours, ou un poste fixe, elle ne fournira qu'aux grands-gardes et détachemens de vingt-quatre heures, jusqu'à ce que cette première escouade lui soit rentrée.

27. L'escouade de service sera toujours tirée de l'escouade de constitution, en sorte que l'escouade de service ne soit jamais mêlée de cavaliers de deux escouades de constitution.

28. Pour que les escouades de constitution contri-

buent à-peu-près également au service, toutes les fois que l'inégalité entre la force de ces escouades deviendra trop sensible, le commandant du régiment pourvoira à ce qu'elles soient égalisées.

29. Le service par escouade employant beaucoup de brigadiers et d'appointés, ils seront toujours tenus complets, et seront suppléés dans les compagnies où ils ne seroient pas présens, par les plus anciens cavaliers désignés par les commandans de compagnie pour faire ce service.

30. Tout sous-officier ou cavalier commandé pour un service à cheval, emportera toujours, à moins que ce ne soit ordonné autrement, tout son équipage avec lui.

31. Pour le service à pied et les corvées, on tirera un nombre égal de cavaliers de chaque compagnie du régiment, et on les formera en escouade de la même force que les escouades de service, qui seront commandées par des officiers et sous-officiers dans la même proportion que les détachemens.

32. On commandera de préférence, pour le service à pied, les cavaliers démontés ou dont les chevaux seront éclopés; on observera que les cavaliers démontés ou éclopés soient commandés autant de fois pour le service à pied que les autres cavaliers le seront pour le service à cheval.

33. Tout sous-officier ou cavalier commandé pour le service à pied, avant de quitter sa tente, remettra en présence d'un maréchal-des-logis, au brigadier de son escouade, son équipage ployé et prêt à charger, ainsi que celui de son cheval, et le maréchal-des-logis ou brigadier, nommera tout de suite un cavalier pour en avoir soin, et pour, en cas d'alarme, mener son cheval tout chargé où il lui sera indiqué, suivant les circonstances, par le commandant de la compagnie.

34. Les porte-étendards, quartiers-maîtres et adjudans ne feront point de service, et seront employés aux distributions, exercices, détails de police et de discipline, ainsi que les commandans des régimens le jugeront le plus avantageux pour le bien du service.

TITRE XI.

De l'assemblée, inspection et départ des gardes et détachemens.

ARTICLE PREMIER.

L'HEURE de la garde sera fixée, depuis le 1er mai jusqu'au 1er septembre, à sept heures du matin, et à huit depuis le 1er septembre.

2. L'assemblée et l'inspection des gardes et détachemens seront faites habituellement par brigade; elles n'auront lieu par division que dans les camps de séjour, et quand le commandant de la division l'ordonnera.

3. Une demi-heure avant qu'on ne sonne des appels pour la garde, les commandans des régimens feront assembler à la tête de leur camp les piquets, gardes et détachemens, et ils en feront ou feront faire par un officier supérieur une inspection, pour s'assurer que les piquets, gardes et détachemens soient pourvus chacun de ce qui est nécessaire ou relatif au service qui lui est destiné.

4. Si les gardes ou détachemens devoient être à poste fixe ou de plusieurs jours, et avoient reçu en conséquence l'ordre de se pourvoir de pain, viande, marmites, ou d'un supplément de munitions de guerre, l'officier supérieur veillera à ce que ses ordres soient ponctuellement remplis.

5. Les officiers commandés joindront à la tête de leur régiment les gardes et détachemens avec lesquels ils devront marcher; ils assisteront à l'inspection qu'en fera l'officier supérieur, et lui feront les demandes et observations qu'ils jugeront convenables pour assurer le bon état de la troupe qu'ils doivent commander.

6. Lorsque l'infanterie battra la garde, tous les piquets, détachemens et gardes, à l'exception de celle de police, se rendront en avant du centre de leur

brigade, à dix toises du front de bandière, où l'officier supérieur du jour de la brigade, établi et commandé à cet effet par le titre 15, se trouvera pour en faire l'inspection, s'il le juge à propos, ou si le commandant de la brigade l'ordonne, et pour la faire défiler.

7. Si l'assemblée et l'inspection doivent avoir lieu par division, l'officier supérieur de jour de la brigade se mettra à la tête des détachemens, gardes et piquets de sa brigade, pour les conduire au centre de la division, où il recevra les ordres du chef de la division, qui en aura fait prévenir les maréchaux de camp commandant les brigades, et les commandans des régimens, pour qu'ils s'y rendent.

8. Les officiers-généraux de jour et le maréchal-général des logis de la cavalerie se trouveront, quand ils le jugeront à propos, aux inspections des piquets, gardes et détachemens, soit qu'elles se fassent par brigade ou par division, pour pouvoir s'assurer de l'exécution des ordres donnés, et en rendre compte au général; mais ils ne pourront, pour se trouver à ces inspections, rien changer à l'heure et à la marche réglées pour le service.

9. Les majors des régimens auront soin de faire trouver au rendez-vous des gardes les cavaliers d'ordonnance des postes extérieurs, s'ils en ont fourni : ces cavaliers se mettront, à l'inspection, en face de la troupe qu'ils auront à conduire, et en prendront la tête lorsqu'elle défilera.

10. L'inspection des piquets, gardes et détachemens de la division étant faite, le lieutenant-général donnera ordre au plus ancien officier supérieur de jour de la faire défiler.

11. Les premières gardes qui seront posées à l'arrivée de l'armée dans le camp, ou celles qui seront commandées d'augmentation, seront conduites par ceux qui auront été chargés de reconnoître leurs postes.

12. Les jours de marche, chaque brigade enverra avec ses campemens un détachement de quatre escouades, pour servir de nouvelles gardes en arrivant au camp, si cela est nécessaire.

TITRE XII.

Des règles de police, discipline et service intérieur dans le camp.

ARTICLE PREMIER.

IL y aura tous les jours, dans chaque régiment, un capitaine et un lieutenant ou sous-lieutenant de police.

Leur service commencera une heure après celle de la garde, et finira le lendemain à la même heure.

Ces officiers, conformément au titre et article 9, seront ceux qui sortoient de piquet, s'ils n'ont pas été commandés pour un autre service.

La garde de police sera à leurs ordres, et ils répondront de la police et du bon ordre du camp de leur régiment.

Ils seront eux-mêmes aux ordres de l'officier de jour de la brigade.

2. Indépendamment des officiers de police par régiment, il y aura un lieutenant ou sous-lieutenant de jour par escadron, dont le service commencera à l'heure de la garde, et finira le lendemain à la même heure.

Ces officiers ne pourront sortir du camp du régiment, et seront aux ordres du capitaine de police, et rendront compte ensuite au commandant de leur compagnie.

3. S. M. n'entend point toutefois que le service spécialement confié aux officiers de police et de jour, dispense les autres officiers de remplir dans les escadrons et compagnies les fonctions qui leur sont attribuées par l'ordonnance de constitution.

4. Il sera commandé journellement un sous-officier dans chaque compagnie, pour aider dans ses fonctions l'officier de jour de l'escadron.

5. A six heures du matin, depuis le 1er mai jusqu'au 1er septembre, et à sept heures depuis le 1er septembre,

le trompette de la garde de police sonnera trois appels; l'un à droite, l'autre à gauche, et le troisième au centre du régiment.

6. A ce signal, les officiers de police se rendront à la tête du camp, et les officiers de jour à leur escadron.

7. Les officiers de police feront sortir la garde de police de sa tente, la feront mettre en état de tout point; ils enverront un brigadier retirer les sentinelles de nuit.

Les officiers de jour feront faire un premier appel, tente par tente, en appelant les cavaliers par leur nom, et les obligeant de répondre chacun pour soi.

Ils rendront compte de ce premier appel au capitaine de police par des billets d'appel datés et signés d'eux dans la forme prescrite par le réglement de police et de discipline intérieure : celui-ci en fera un billet d'appel général, qu'il enverra par le lieutenant ou sous-lieutenant de police au commandant du régiment.

8. Une demi-heure après, les maréchaux-des-logis iront au rapport avec la feuille établie chez le quartier-maître du régiment, lequel écrira en conséquence le rapport journalier du régiment, et l'enverra, signé de lui, au major en second : celui-ci remplira les détails qui sont au dos du rapport, d'après les rapports particuliers des commandans des escadrons; il enverra ledit rapport général au major, d'où, par le lieutenant-colonel, il parviendra au colonel.

9. Le major du régiment sera spécialement chargé de faire faire, par le quartier-maître un double du rapport général ci-dessus, et il l'enverra, certifié par lui, au major de brigade qui en composera celui de la brigade, pour le faire passer, de même certifié par lui, au major de division, lequel enverra celui de la division dans la même forme au major-général, qui extraira de ces rapports le compte que le général de l'armée lui aura prescrit de lui rendre.

10. A l'égard des officiers-généraux divisionnaires, le colonel fera passer le rapport journalier du régiment, signé de lui, au maréchal de camp commandant la brigade, et celui-ci au lieutenant-général de la division.

Nota. On se servira, dans le prochain rassemblement, des modèles établis, en ne remplissant que les cases nécessaires, et dans la rédaction définitive de l'ordonnance du service de campagne, il sera inséré de nouveaux modèles simplifiés et réduits à ce que ce service rendra indispensable.

11. Les officiers feront ensuite relever le fumier sous les chevaux, balayer les rues et le front du camp, et panser les chevaux.

Après le pansage, les cavaliers commandés de garde, de piquet et de détachement, selleront leurs chevaux.

12. Une heure après ces appels, et lorsque l'infanterie battra la garde, le trompette de police sonnera quatre appels, qui serviront de signal pour faire monter à cheval les piquets, gardes et détachemens, qui se rassembleront en avant du centre du régiment, où ils seront inspectés par le capitaine de piquet, et postés ensuite à la droite de l'ancien piquet, qui sera à dix toises en avant du centre de la brigade.

13. Pendant l'assemblée d'inspection des gardes, le maréchal-des-logis de police relèvera les étendards, les plantera à côté les uns des autres auprès du chevalet de la garde de police, et les arborera si le temps le permet.

14. Les jours ouvriers, le trompette de police sonnera trois appels pour la messe, immédiatement après que les piquets seront rentrés.

Les dimanches et fêtes, ces appels seront sonnés par tous les trompettes réunis à la droite du régiment, à l'heure que le commandement du régiment l'ordonnera.

15. Après que la garde de police aura été relevée, les chevaux seront menés à l'abreuvoir par escadron, un maréchal-des-logis à la tête, un brigadier à la queue, et conduits par un lieutenant ou sous-lieutenant de corvée.

Les chevaux de piquet iront à l'abreuvoir séparément et par moitié, comme il a été dit au titre 9, art. 19.

16. Au retour de l'abreuvoir, on donnera l'avoine

aux chevaux en présence des officiers de jour. Les cavaliers auront soin de balayer ensuite la place des chevaux, et relèveront le fumier derrière eux.

17. Les dimanches et fêtes, il y aura inspection générale des escadrons. Cette inspection sera faite sans armes et dans la même forme qu'elle est prescrite dans l'ordonnance de police intérieure des régimens.

Les compagnies et escadrons s'assembleront, pour ces inspections, aux appels sonnés pour la messe.

18. Après l'inspection, les compagnies et escadrons seront conduits à la messe, en ordre, en se conformant, en tout ce qui sera possible, à ce qui est prescrit par l'ordonnance de police et discipline intérieure des régimens.

19. A dix heures, dans les camps de séjour, le trompette de police sonnera trois appels. A ce signal, les cavaliers s'assembleront dans les rues du camp, derrière leurs chevaux, et se faisant face.

L'officier de jour fera l'appel dans les formes prescrites par le réglement de police, et il en rendra compte au capitaine de police ; et en outre, dans le cas où il manqueroit quelqu'un, au commandant de l'escadron.

Le capitaine de police rendra compte de l'appel de la soupe au commandant du régiment.

20. L'officier de jour visitera, à l'heure de la soupe, toutes les denrées qui composent l'ordinaire du soldat, et il prendra ce moment pour s'assurer du bon ordre et de la propreté des tentes.

21. La soupe du soir se mangera à quatre heures, et de même au signal des appels du trompette de police. Elle sera précédée d'un appel fait dans la même forme que celui de la soupe du matin.

22. Les hommes de la garde de police iront manger la soupe à leur compagnie.

23. Dans les camps, les sous-officiers pourront manger aux ordinaires de leur compagnie.

24. Les régimens qui sont dans l'usage de ne manger qu'une fois la soupe à midi, pourront continuer à s'y conformer, et les appels seront faits à cette heure, dans la forme ci-dessus.

25. Deux heures avant la retraite, il sera sonné rois appels. A ce signal, la moitié du piquet ira à 'abreuvoir successiment, et à son retour, tous les hevaux du régiment y seront conduits de la même nanière que le matin; après quoi l'on donnera l'aoine.

26. Lorsque les commandans des régimens jugeront propos de faire mener les chevaux à l'abreuvoir plus ouvent pendant les grandes chaleurs, ils s'y feront utoriser par les maréchaux-de-camp commandant eur brigade. Dans les camps de séjour, ils pourront rdonner un pansage après midi et en fixeront l'heure.

27. Une demi-heure avant la retraite, le trompette e police sonnera un appel, qui servira de signal pour a prière; l'aumônier la fera en avant du centre du égiment: les cavaliers s'y rendront, et les offiiers de police s'y trouveront pour maintenir le bon rdre.

28. Après la prière, les trompettes se rassembleont autour des étendards du régiment, et ils sonneont des fanfares jusqu'à l'heure de la retraite.

29. On sonnera tous les jours la retraite au soleil ouchant, au signal d'un coup de canon, ou, à ce éfaut, au signal que donneront les tambours de la rigade de la droite.

30. Pour toutes les sonneries, les trompettes se laceront auprès des étendards, auront attention de ommencer au signal et de finir tous à la fois.

31. La retraite étant sonnée, le maréchal-des-logis le garde de police repliera les étendards, les posera nsemble sur deux petits chevalets placés pour cet sage, entre la tente de la garde de police et son faiseau d'armes.

32. Les sous-officiers des compagnies veilleront à e qu'après la retraite sonnée, aucuns cavaliers ne oient hors de leurs tentes en chemise.

33. Une heure après la retraite au plus tard on teindra les feux des cuisines; les vivandiers cesseront le donner à boire, et les cavaliers rentreront dans les entes.

34. Avant la nuit, les rues seront barrées par des cordes du côté du front de bandière, et à la queue du camp du côté des cuisines; et il sera placé un cavalier de garde d'écurie dans chaque rue, pour veiller sur les chevaux.

Ce cavalier, qui ne sera ni armé ni équipé, sera fourni alternativement par chacune des chambrées qui formeront la rue; les maréchaux-des-logis auront soin qu'ils soient relevés de demi-heure en demi-heure. Le cavalier de garde d'écurie, quand sa faction sera finie, ira appeler à la tente celui qui devra le relever sans qu'il soit besoin qu'un sous-officier aille les conduire. Les officiers de police veilleront à ce que les gardes d'écurie soient assidus à leurs fonctions.

35. Après la retraite, le capitaine de police enverra placer, par le brigader, les sentinelles de nuit, auxquelles il sera consigné d'arrêter tous les cavaliers qui rentreroient au camp par les derrières, ou qui voudroient en sortir.

36. Après la retraite, toutes les compagnies se mettront en haie dans les grandes rues du camp, pour l'appel.

37. Cet appel sera fait, dans chaque compagnie, par l'officier de jour, qui dressera ensuite un billet d'appel, sur lequel il marquera s'il manque quelqu'un ou non, en rappelant le mouvement d'un appel du matin et de ceux de soupe.

38. L'officier de jour datera et signera ce billet, et il le portera au capitaine de police, qui en fera un billet général, pour le faire passer, de grade en grade, au commandant du régiment. L'officier de jour rendra de plus compte de l'appel au capitaine en second, qui en rendra compte au chef d'escadron.

39. La régularité des appels, et les punitions en cas de négligence et faux appels, auront lieu conformément à ce qui a été dit à l'ordonnance de police et de discipline intérieure.

40. Indépendamment des appels du matin et du soir, ainsi que de ceux des soupes, les commandans des régimens et des brigades y ajouteront ceux qu'ils

jugeront nécessaires, suivant les circonstances particulières relatives à la position et à la discipline.

41. Les appels de jour se feront toujours hors des tentes, en haie dans les rues; et ceux de nuit, dans les tentes et sans bruit.

42. Lorsque la proximité de l'ennemi pourroit rendre l'évasion d'un homme de quelque importance, le commandant du régiment en informera sur-le-champ le major-général, pour que le général en soit instruit le plus promptement possible, et il en rendra compte en même temps au commandant de la brigade.

43. Dans les camps de séjour, le front de bandière sera banné, à dix toises en avant de ce même front de bandière, par des travées, afin d'empêcher les chevaux d'y passer.

44. Les commandans des régimens ordonneront des visites de tentes, de porte-manteaux et de marmites, aussi souvent qu'ils le jugeront nécessaire.

45. Toutes les fois que les cavaliers auront besoin d'être conduits au bois, ils y seront menés par des escortes armées, ainsi qu'il a été dit au titre de l'établissement du camp.

46. Comme il est nécessaire d'aller à l'eau plusieurs fois dans la journée, les cavaliers de chaque compagnie pourront y aller, conduits par un sous-officier armé.

47. Les valets pourront aller au bois et à l'eau sans escorte; mais ils seront sévèrement punis des dégâts qu'ils commettront.

48. La punition de la garde du camp ne sera plus habituelle; on mettra seulement à la garde de police ceux qui seront accusés ou coupables de délits graves: on pourra y mettre aussi momentanément ceux dont la détention sera jugée nécessaire, dans le même cas où l'on emploie la salle de discipline.

49. S. M. renvoie au surplus, pour tout ce qui est relatif aux punitions, tant des officiers que des sous-officiers et cavaliers, à ce qu'elle a prescrit dans l'ordonnance de discipline et police intérieure.

50. Les officiers de jour feront tous les jours la visite des armes de leur escadron ; ils s'adresseront aux chefs-d'escadron, et ceux-ci aux officiers supérieurs des régimens, pour qu'il y soit ordonné les réparations nécessaires, et ils tiendront la main à ce qu'elles soient bien et promptement faites.

51. Ils veilleront de même, ainsi que les sous-officiers de l'escadron, lorsque la distribution de la poudre, des balles et des pierres à fusil aura été faite, à ce que les cavaliers aient toujours leurs porte-cartouches garnis, et chacun deux pierres de rechange, avec les autres petits ustensiles nécessaires pour la propreté et l'entretien des armes.

52. A mesure que ces munitions seront consommées, les majors des régimens en informeront le maréchal général des logis de la cavalerie, afin qu'il puisse les faire remplacer.

53. Dans les camps de séjour, les exercices de détail auront lieu quand les commandans des régimens le jugeront nécessaire ; mais les régimens ne pourront monter à cheval pour manœuvrer, qu'avec la permission du commandant de la brigade.

La brigade ne pourra manœuvrer ensemble qu'avec la permission du chef de la division, et la division, qu'avec celle du général de l'armée.

54. Il sera défendu de tirer des coups de pistolet ou de mousqueton dans les camps des troupes à cheval, et les régimens ne pourront tirailler en manœuvrant, qu'avec la permission du général.

55. Les sous-officiers auront attention de retirer la poudre et les balles des cavaliers de leurs compagnies qui seront envoyés aux hôpitaux, et de les distribuer à ceux qui en manqueront.

56. Lorsqu'après la pluie il sera nécessaire de faire décharger les mousquetons, les sous-officiers auront soin de faire décharger avec un tire-bourre ceux qui auront été mouillés ; et s'il y en a qu'on ne puisse décharger de cette manière, ils ne pourront être tirés qu'entre neuf et dix heures du matin, en présence

d'un officier de police, qui prendra les précautions nécessaires pour éviter les accidens.

57. Dans les camps de séjour, il sera établi, à la tête du camp de chaque brigade, des jeux et exercices propres à amuser le cavalier et à augmenter son agilité et sa force.

58. Les commandans des régimens auront soin d'exciter sur cet objet l'émulation des cavaliers, en assistant eux-mêmes fréquemment à ces jeux.

59. Les cavaliers qui auront besoin d'aller au quartier-général, y seront conduits par des officiers subalternes et sous-officiers, en proportion de leur nombre.

60. Ces officiers et sous-officiers les assembleront à sept heures du matin, à la tête du camp de leur régiment, en feront l'appel, et les conduiront jusqu'à l'entrée du quartier-général; là, ils leur donneront un rendez-vous pour se rassembler à l'heure qu'ils leur indiqueront, en feront alors de nouveau l'appel, et les ramèneront au camp: les cavaliers qui auront manqué à se trouver à ce rendez-vous, seront punis en arrivant au camp.

S'il y a plusieurs quartiers-généraux ou autres lieux de marchés qui puissent procurer des ressources aux cavaliers, sans inconvénient pour l'armée, le maréchal général des logis de la cavalerie les indiquera aux brigades, et les autorisera à y envoyer dans la forme prescrite ci-dessus.

61. De tout le reste de la journée, il ne sera plus permis à aucun cavalier de sortir du camp de son régiment, à moins d'être conduit par un sous-officier.

62. Toutes les sentinelles du camp arrêteront indistinctement tout soldat, cavalier, dragon, hussard ou chasseur passant à portée d'elles, et qui seroit sorti ou voudroit sortir de l'enceinte de la brigade dont il fait partie; et elles appelleront la garde de police, qui les conduira à la garde du camp, et en rendra compte au capitaine de police: celui-ci en informera le major du régiment, qui en donnera avis au major

du régiment dont sera le soldat ou cavalier détenu.

La vigilance des sentinelles à l'exécution de cet ordre est très-importante pour la discipline de l'armée, et les capitaines de police en seront responsables.

63. La sûreté de l'armée exigeant qu'il y ait toujours au camp un assez grand nombre d'officiers pour se mettre à la tête des troupes en cas d'événemens, la moitié des officiers et un officier supérieur par régiment ne pourront jamais s'absenter du camp de la brigade, et les commandans des régimens en seront responsables.

64. La propreté des cavaliers contribuant à leur santé, lorsqu'il y aura des rivières ou ruisseaux à portée, et que la saison le permettra, on les y mènera baigner fréquemment, conduits par des officiers et sous-officiers.

65. Les commandans des régimens feront reconnoître auparavant des endroits sablonneux et guéables : aucun cavalier ne pourra s'écarter des limites qui seront marquées, et y aller sans escorte.

66. Lorsque le général de l'armée et les maréchaux de France passeront le long du front du camp, les cavaliers rempliront les rues en vestes et en bonnets.

Nota. S. M. se réserve de fixer dans le code tout ce qui a rapport aux divers états-majors-généraux des armées, tant pour leur constitution et composition, que pour leur service. On se conformera en attendant à ce qui est établi, à la réserve de la place de major-général des dragons, dont elle supprime l'usage dès ce moment-ci, son intention étant que toutes ses troupes à cheval sans exception ressortent, pour les détails du service de l'armée, du maréchal général des logis de la cavalerie.

TITRE XIII.

De l'organisation de l'armée, et des états-majors généraux.

Article premier.

Il sera fait au commencement de chaque campagne, d'après les ordres du général, par le maréchal général des logis de l'armée, un tableau de l'ordre de bataille, dans lequel les officiers généraux seront placés suivant les dispositions qu'en fera le général de l'armée; les officiers généraux seront attachés par préférence à l'arme dans laquelle ils auront servi.

2. L'armée sera partagée en un nombre de divisions de cavalerie et d'infanterie proportionnées à la quantité des troupes de cette armée.

3 Chaque division de cavalerie sera composée d'un nombre à-peu-près égal de brigades de première et seconde ligne, qui seront nommées une fois à l'ordre, au commencement de la campagne, et cela ne changera plus jusqu'à la fin, à moins que le général ne juge à propos d'ordonner qu'il soit fait un nouvel ordre de bataille.

4. Les généraux des armées et les officiers généraux qui y seront employés, pourront cependant placer dans les différens postes, ou faire marcher en détachement, lorsque le besoin le demandera, indistinctement toutes les brigades ou régimens de cavalerie ou de dragons : défendant S. M., qu'il y ait jamais de discussion de rang à cet égard; et voulant que les droits d'ancienneté de brigades et de régimens, soient toujours subordonnés aux dispositions des généraux.

5. Lorsqu'il aura été détaché une ou plusieurs brigades d'une division, et qu'elles rentreront en ligne, elles reprendront leur rang dans cette division.

6. Lorsqu'il y aura une brigade d'infanterie attachée à chaque division de cavalerie pour couvrir son flanc, cette brigade sera aux ordres du lieutenant-général commandant cette division.

7. Chaque division de cavalerie sera commandée par un lieutenant-général, qui sera nommé pour toute la campagne, et aura sous lui autant de maréchaux-de-camp que de brigades.

8. Il sera marqué aux officiers généraux les logemens les plus à portée de la division à laquelle ils seront attachés.

9. En cas que le lieutenant-général commandant la division fût absent, l'officier général le plus ancien de la division la commandera, sans que les autres officiers généraux de l'armée puissent en aller prendre le commandement, à moins d'un ordre du général.

10. Le lieutenant-général commandant la division sera chargé supérieurement de tout le détail qui la concerne, service, discipline, police : ce sera à lui que les maréchaux-de-camp attachés aux brigades rendront compte de tout ce qui concerne ces objets.

11. Lorsque les divisions seront de plus de trois brigades, il y aura dans chaque division un maréchal-de camp de jour, nommé à tour de service par le lieutenant-général de la division, et chargé sous lui de tous les détails qui la concerneront. Ce maréchal-de-camp ne s'éloignera pas de la division pendant la durée des vingt-quatre heures, et la nuit son aide-de-camp sera en poste fixe, à portée du major de la division, pour lui porter, avec plus de célérité, les ordres et les nouvelles qui pourroient survenir.

12. Si les divisions sont de trois brigades et au-dessous, il n'y aura qu'un maréchal-de-camp de jour pour les deux divisions de la même armée les plus voisines dans la ligne, et alors ce maréchal-de-camp rendra compte aux deux lieutenans-généraux.

13. Il y aura dans chaque brigade un officier supérieur de jour par brigade, lequel sera aux ordres du maréchal-de-camp de jour de la division, et assujéti à ne pas quitter sa brigade.

14. Tous ces officiers généraux ou supérieurs de jour, seront eux-mêmes aux ordres d'un lieutenant-général de jour, commandé à cet effet sur tous les lieutenans-généraux de l'armée, de quelqu'arme qu'ils soient, par le major-général.

15. Ainsi, pour résumer cet ordre et cet enchaînement de service, les officiers de jour dans les compagnies répondront au capitaine de police dans les régimens; le capitaine de police dans les régimens, à l'officier supérieur de jour dans la brigade; l'officier supérieur de jour de la brigade, au maréchal-de-camp de jour de la division; et le maréchal-de-camp de jour de la division, au lieutenant-général de jour de l'armée.

16. Le plus ancien major de brigade de chaque division fera le détail de cette division; il aura, pendant la nuit, un fanal élevé au haut d'une perche, qui indiquera sa tente, laquelle restera placée où elle doit l'être dans l'ordre du campement du régiment, le major de division ne devant point, par ses fonctions, être dispensé du service qu'il doit remplir à son régiment.

17. Ce sera à lui que le maréchal général des logis de la cavalerie adressera directement tous les ordres, il les distribuera sur-le-champ aux majors de brigade de sa division, et en rendra compte au lieutenant-général commandant.

18. Il y aura à la tente du major de la division un brigadier et un cavalier d'ordonnance de chacune des brigades, par lesquels il leur fera passer sur-le-champ les ordres qu'il aura à leur envoyer.

19. Il y aura, outre cela, un brigadier d'ordonnance fourni alternativement par toutes les brigades, pour aller porter au lieutenant-général les ordres qui parviendront au major de la division.

20. Les officiers généraux attachés à chaque division de cavalerie devant être logés à portée du lieutenant-général qui la commandera, y feront prendre tous les jours chez lui par leurs aides-de-camp, l'ordre journalier.

21. Quant aux ordres inattendus, ou ceux les concernant particulièrement, ils leur seront envoyés par un cavalier d'ordonnance; et dans des cas importans et pressés, par un officier d'ordonnance.

22. Les gardes des officiers généraux des divisions et troupes à cheval seront fournies par la brigade d'infanterie de flanc.

S'ils étoient trop nombreux pour qu'elle pût y suffire, le major général de l'infanterie nommeroit d'autres régimens pour y suppléer.

23. Il partira tous les jours à l'heure de la garde, de chaque division de cavalerie, des cavaliers ou dragons d'ordonnance qui se rendront aux tentes des majors de divisions d'infanterie, dans un nombre proportionné aux besoins et aux circonstances, et fixé à cet effet par le major-général.

24. Les majors des régimens de troupes à cheval donneront à l'un de ces cavaliers un billet qui indiquera la division à laquelle ils seront destinés.

25. Il sera fait mention dans ce billet de l'heure à laquelle ils auront été expédiés; le major des divisions donnera un reçu aux cavaliers relevés, dans lequel il marquera l'heure de l'arrivée des nouveaux et du départ des anciens.

26. Il sera envoyé tous les jours, à la même heure, des cavaliers d'ordonnance au major de la brigade d'infanterie qui couvrira le flanc.

27. Les cavaliers d'ordonnance seront pendant les vingt-quatre heures, et jusqu'à ce qu'ils aient été relevés, aux ordres des majors des divisons, et exécuteront tout ce qui leur sera prescrit par eux.

28. Il sera envoyé chez le maréchal général des logis de la cavalerie, le nombre d'ordonnances nécessaires; on aura soin de faire commander tour à tour dans les divisions un brigadier pour les commander.

29. Toutes ces ordonnances ne suivront point les officiers auxquels elles seront envoyées; étant uniquement destinées à porter aux brigades les ordres qu'ils auront à leur faire parvenir.

On choisira toujours les brigadiers et cavaliers d'ordonnance parmi les plus sages et les plus intelligens, sans s'attacher à l'ancienneté.

30. Les jours de marche, les ordonnances du général de la cavalerie et du maréchal général des logis de la cavalerie, marcheront avec la garde du quartier général; et dès que les logemens seront marqués, elles se rendront tout de suite à celui du général et du maréchal général des logis de la cavalerie.

31. Il sera envoyé aussi tous les jours, à l'heure de la garde, un cavalier d'ordonnance par brigade au major de la brigade.

Les jours de marche, ces cavaliers marcheront avec les campemens de la brigade.

32. Les majors de brigade n'iront plus à l'ordre au quartier-général, et il n'y aura plus d'ordre dicté publiquement chez le maréchal général des logis de la cavalerie.

33. Il enverra tous les jours l'ordre par écrit, signé et cacheté, aux majors des divisions, qui le distribueront aux brigades qui les composeront, et feront le détail particulier de leur service.

34. Les aides-maréchaux généraux des logis de la cavalerie seront eux-mêmes porteurs de tous les ordres importans, comme marche d'armée ou d'un gros détachement.

35. Le maréchal général des logis de la cavalerie fera mention dans tous les ordres de l'heure à laquelle ils auront été envoyés, et les majors des divisions, dans les reçus, de celle à laquelle ils leur seront parvenus.

36. Cela sera également exécuté par les majors des divisions vis-à-vis des majors des brigades, et par les majors des brigades vis-à-vis des majors des régimens.

37. Tous les reçus, consignes ou ordres, seront écrits avec de l'encre, et tous les ordres cachetés.

38. Les majors des divisions auront un contrôle pour faire fournir chaque brigade à son tour, et le maréchal général des logis de la cavalerie en aura un,

pour égaliser le service des divisions autant que cela sera possible.

39. Chaque division de cavalerie, ainsi que la brigade de flanc, fourniront les postes avancés les plus à portée de son camp.

40. Les jours de marche, le lieutenant-général de jour aura attention à cet objet dans la répartition des postes.

41. Lorsque les commandans de division jugeront à propos de placer des gardes pour la sûreté ou police de leur division, ils en feront rendre compte le lendemain au maréchal général des logis de la cavalerie par le major de division.

42. Dans les camps de séjour, le major de division aura soin que les postes soient, autant qu'il se pourra, occupés par des gardes des mêmes brigades.

43. Il enverra tous les matins un maréchal général des logis de la cavalerie, avec le rapport de la division, le détail des gardes et détachemens qu'elle aura fournis dans les vingt-quatre heures.

44. Dans les réserves ou corps séparés qui ne seront pas assez considérables pour former des divisions, le service se fera par brigade, et chaque brigade enverra un cavalier d'ordonnance chez l'aide maréchal général des logis de la cavalerie chargé du détail.

S'il n'y avoit point d'aide-maréchal général des logis de la cavalerie, le plus ancien major en feroit les fonctions

---

TITRE XIV.

Des avant-gardes, des corps détachés et des réserves.

Article premier.

Le général formera, s'il le juge à propos, des avant-gardes, soit passagères, soit permanentes, et les emploiera ainsi qu'il le trouvera le plus avantageux.

2. Ces avant-gardes seront composées d'un ou plu-

ieurs régimens de hussards, dragons ou chasseurs; et le bataillons d'infanterie légère, qu'on renforcera, au besoin, de bataillons de grenadiers et chasseurs, et même de brigades de ligne.

On leur attachera une division d'artillerie du parc, proportionnée à leur force, avec des munitions pour le canon de l'infanterie, des cartouches à fusil, et un petit détachement de l'hôpital ambulant.

3. Le général choisira, pour commander ces corps, les officiers généraux qu'il jugera les plus propres.

4. Si pour opérer séparément, ou pour faciliter les subsistances, le général de l'armée juge à propos de former des corps détachés, il leur donnera la composition qu'il croira convenable.

Il sera d'ailleurs observé, quant à la division, le service et la police de ces corps détachés, autant qu'il se pourra, tout ce qui est prescrit dans le présent réglement pour l'armée; ces corps devant toujours rester des portions de l'armée, et aussi subordonnés comme elle au général en chef.

5. Le général sera toujours le maître de faire entrer en ligne les corps détachés en tout ou en partie, et il le fera de temps en temps, pour laisser reposer les troupes qui les auront composés, faire partager également les occasions d'agir à toutes celles de l'armée, et former un plus grand nombre d'officiers généraux, en les employant soit en chef, soit en second, au commandement de ces camps.

6. Le général choisira dans le nombre des officiers généraux ceux qu'il connoîtra les plus capables pour commander les corps détachés, et il y attachera sous eux d'autres officiers généraux.

7. Il pourra y avoir aussi des corps de réserve campés avec l'armée, destinés à soutenir dans les actions les parties de la ligne qui pourroient en avoir besoin, ou de remplacer les troupes qui auroient souffert, ou qui en auroient été tirées pour quelque destination particulière; mais ils ne devront être regardés que comme des divisions de l'armée, et ils recevront les ordres des chefs des états-majors.

8. Lorsque les corps de réserve seront seulement d'infanterie, il sera envoyé tous les jours au major qui en fera le détail, par sa division de cavalerie qui en sera la plus proche, le même nombre de cavaliers d'ordonnance, qu'au major d'une division d'infanterie. Quand les corps seront composés de cavalerie et d'infanterie, la cavalerie qui en fera partie fournira les ordonnances.

9. Le général choisira de même les officiers généraux ou supérieurs auxquels il jugera à propos de confier le commandement des corps en réserve.

10. Les commandans des avant-gardes des corps détachés et des réserves, feront parvenir au général tous les comptes qu'ils auront à lui rendre dans la forme suivante.

La date du jour, du lieu et de l'heure, sera mise au haut de la feuille.

Ensuite en gros caractère : *Rapport*; après quoi on fera le détail de tout ce dont on aura à informer le général, et on le signera, sans préambule et sans la formule qu'il est d'usage de mettre au commencement et à la fin des lettres. Le général en usera de même dans ses réponses, qui se borneront à donner ses ordres et à expliquer les moyens qu'il veut qu'on emploie pour leur exécution.

Si ces rapports sont relatifs à des nouvelles de l'ennemi, celui qui les fera, en suite de la date, du lieu et de l'heure, observera toujours d'expliquer précisément le point où il se trouvoit lorsqu'il a vu ce dont il rend compte; à quels points il faisoit face; quels étoient ceux qu'il avoit à sa droite ou à sa gauche; de manière que le général puisse, en lisant ce rapport, ne point se tromper sur la position ou la direction de l'ennemi.

Tous les officiers détachés se conformeront à cet article dans les comptes qu'ils auront à rendre, soit au général, soit aux officiers généraux ou supérieurs aux ordres desquels ils se trouveront.

TITRE XV.

Des fonctions des officiers-généraux et supérieurs de jour.

ARTICLE PREMIER.

LE titre 13 ayant déterminé le nombre et le grade des officiers supérieurs de jour, et leurs relations, soit entre eux, soit avec l'armée, il reste à détailler ici plus particulièrement leurs fonctions et ce qui les concerne.

2. Le service des officiers généraux et supérieurs commencera tous les jours à l'heure de la garde, et finira le lendemain à la même heure.

Ils seront commandés pour ce service, ainsi qu'il a été dit au titre 13.

3. Si les piquets sont dans le cas d'être assemblés et employés, ils seront aux ordres du lieutenant-général de jour, et du plus ancien des maréchaux-de-camp de jour, ou des deux plus anciens, s'il juge à propos d'en attacher un aux piquets de chaque armé.

4. Tous les postes de l'armée seront aux ordres du lieutenant-général de jour, et il en fera la visite, ou la fera faire par les maréchaux-de-camp de jour, en leur assignant ceux que chacun d'eux aura à visiter.

5. Les officiers généraux ou supérieurs de jour seront reçus dans leurs visites des postes et gardes, comme il sera prescrit au titre 22.

6. Aussitôt après la garde montée, les maréchaux-de-camp de jour se rendront chez le lieutenant-général de jour, pour y recevoir ses ordres.

7. Le maréchal général des logis de la cavalerie enverra par un aide-maréchal général des logis, à l'heure de la garde, au lieutenant-général de jour, l'état des gardes et postes de l'armée, et cet aide-ma-

réchal-des-logis l'accompagnera dans sa tournée du camp et des postes.

8. Les maréchaux-de-camp de jour se feront accompagner, dans la visite des postes, par les officiers supérieurs de jour des brigades qui les fourniront.

9. Ils examineront dans leur tournée si les postes et leurs vedettes sont bien placés, et ils questionneront les officiers, pour savoir si on leur a consigné tout ce qui sera nécessaire.

10. A leur retour, ils rendront compte au lieutenant-général de jour, de ce qu'ils auront vu, et de ce qu'ils croiront qu'il y auroit à y changer.

11. Lorsque les détachemens de plusieurs brigades devront se rassembler, les officiers supérieurs de jour des brigades s'y trouveront.

12. Les jours de marche, le plus ancien des maréchaux-de-camp de jour de chaque arme, ainsi que tous les officiers supérieurs de jour, se trouveront au rendez-vous général des campemens, s'il en a été indiqué un, ou à la tête de la colonne qui leur aura été indiquée par l'ordre de marche, de manière à être prêts à exécuter ce qui sera ordonné relativement à l'établissement ou à la sûreté du nouveau camp.

Le lieutenant-général de jour, se rendra auprès du général de l'armée, s'il n'a pas reçu de lui d'ordre particulier.

13. Les jours de marche, le service des officiers généraux de jour, qui aura commencé la veille, ne finira qu'après l'établissement des nouvelles gardes dans le nouveau camp; ensorte que dans tous les cas, tout ce qui est de service, entre de service et le finisse à la même heure.

14. Le plus ancien officier supérieur de campement rangera les campemens et nouvelles gardes dans le même ordre que les brigades sont campées dans l'armée.

15. A mesure que les maréchaux-de-camp de jour placeront des postes, l'officier supérieur de jour de la brigade dont sera le poste, en prendra une note qui renseignera sa position; il la remettra au nouvel offi-

cier supérieur de jour de sa brigade, et l'enverra, à son arrivée au camp, au major de la division, qui la fera passer au maréchal général des logis de la cavalerie.

TITRE XVI.

De l'ordre et du mot.

ARTICLE PREMIER.

L'ORDRE et le mot seront donnés tous les jours à midi par le général de l'armée.

2. Le lieutenant-général du jour sera nommé par rang d'ancienneté.

Le maréchal général des logis de la cavalerie préviendra, par écrit, ceux qui sont attachés à la cavalerie; le major-général en fera mention dans l'ordre de l'armée.

Si un lieutenant-général attaché à la cavalerie, et désigné pour être de jour, se trouvoit malade, il le feroit dire par son aide-de-camp au maréchal-général-des-logis de la cavalerie.

3. Le lieutenant-général entrant de jour, ainsi que les différens chefs des états-majors, et en leur absence un de leurs aides, seront tous les matins rendus à onze heures et demie chez le général, pour se trouver à l'ordre.

4. Si le général de l'armée ne se trouvoit pas à midi au quartier-général, le lieutenant-général entrant de jour donnera le mot afin qu'il n'y ait jamais de retard dans la distribution de l'ordre journalier.

5. Le lieutenant-général prendra le mot du général et le distribuera au maréchal-général-des-logis de l'armée, au major-général et au maréchal général des logis de la cavalerie, dans l'ordre où ils sont nommés dans cet article.

Dans les avant-gardes et corps détachés, l'ordre sera donné par le commandant dans la même gradation.

6. Le maréchal général des logis de la cavalerie enverra ensuite le mot et le détail du service, aux majors des divisions et des réserves qui ne seront point détachées de l'armée, de manière que l'ordre puisse toujours être distribué aux troupes avant la retraite.

7. L'ordre sera toujours rédigé par écrit, par le maréchal général des logis de la cavalerie, et envoyé par lui, signé et cacheté, au major de division, dans la forme suivante :

Au camp de *le*
du mois de 17

Suivra le mot de l'ordre, celui du ralliement.

Le nom du lieutenant-général de jour.

On énoncera ensuite les bans et défenses, s'il y en a de nouvelles à publier.

Après quoi l'on fera le détail du service des troupes à cheval.

Ensuite les ordres pour les fourrages et distributions.

Enfin les ordres particuliers s'il y en a à donner.

Le maréchal général des logis de la cavalerie ne fera mention dans les ordres qu'il enverra au major de chaque division, que des détails qui la concerneront.

8. Le major de la division enverra par écrit et cacheté, immédiatement après l'avoir reçu, l'ordre et le mot au lieutenant-général commandant la division.

9. Le major de la division, en dictant l'ordre, désignera le maréchal-de-camp de jour de la division, qui sera nommé à tour de rôle par ancienneté.

Le major de brigade à laquelle cet officier général sera attaché, sera spécialement chargé de le faire avertir ; et tous les majors de brigade en feront mention dans l'ordre.

10. Les majors de brigade iront tous les jours prendre l'ordre chez le major de la division, qui le leur dictera avec le détail du service de la division.

Ils le donneront ensuite le plus promptement possible aux majors des régimens de leur brigade, et l'enverront en même-temps au maréchal-de-camp commandant la brigade.

11. Les majors des régimens, et à leur défaut, les majors en second, si les premiers sont absens, iront à l'ordre chez le major de brigade, qui le leur dictera avec le détail concernant le service de leur régiment.

12. Si le major en premier et le major en second étoient absens, le capitaine de police iroit prendre l'ordre à leur défaut.

13. Le major de brigade, en donnant l'ordre, commandera, à tour de rôle et par ancienneté de service, l'officier supérieur de jour de la brigade; les majors des régimens de la brigade en feront mention dans l'ordre.

14. Tous les autres ordres qui seront adressés, soit de jour, soit de nuit, par le maréchal-général-des-logis de la cavalerie aux majors des divisions, seront envoyés par eux aux majors de brigade qui les composeront, qui les feront passer aux majors des régimens par le brigadier ou le cavalier d'ordonnance.

15. Dès que les majors des régimens auront pris l'ordre et le mot chez le major de brigade, ils iront le porter à leur colonel, lui feront la lecture de l'ordre, et recevront ceux qu'il aura à donner, après quoi ils iront donner l'ordre à leur régiment. Le major en second se rendra chez le major, et s'il n'y étoit pas, il se rendra au cercle.

16. En l'absence du colonel, le major donnera le mot au lieutenant-colonel, à qui il sera porté par un des deux officiers de police, quand le colonel sera présent.

17. Les majors ne s'enverront jamais l'ordre d'un régiment à l'autre, autrement que par un officier ou par écrit.

18. Lorsque le major du régiment voudra donner l'ordre, le trompette de police sonnera trois appels, sans jamais crier à l'ordre.

19. Alors le major en second, les officiers de po-

lice, les officiers de jour, les adjudans, le vaguemestre, les maréchaux-des-logis de police, celui de piquet, et un brigadier par compagnie, s'assembleront à la droite du régiment, à vingt pas en avant des étendards : les brigadiers seront armés de leur mousqueton, et les maréchaux-des-logis de leur sabre.

20. Les lieutenans et sous-lieutenans de police, les officiers de jour et le quartier-maître formeront un cercle intérieur, au milieu duquel seront le major, le major en second et le capitaine de police.

21. Les maréchaux-des-logis en feront un second, en se rangeant selon l'ordre de leurs escadrons et compagnies.

22. Les brigadiers en feront un troisième, présentant le mousqueton en dessus et empêchant que personne ne s'approche.

23. Les adjudans, le vaguemestre et le brigadier-trompette se mettront entre les officiers et les sous-officiers.

24. Le major lira l'ordre, en y ajoutant des explications qu'il croira nécessaires pour chacun de ceux qui le concernent.

Il nommera ensuite les officiers commandés pour les différentes espèces de service, et les adjudans nommeront les sous-officiers.

25. Il donnera ensuite le mot au major en second, et celui-ci au capitaine de police; celui-ci au lieutenant ou sous-lieutenant de police, d'où il passera successivement aux officiers du jour, au quartier maître, et par les adjudans au cercle des sous-officiers, ainsi de suite, jusqu'au dernier maréchal-des-logis du cercle, qui rendra le mot au major.

26. Dès que l'ordre aura été donné, à la tête du camp, les maréchaux-des-logis en chef porteront l'ordre aux officiers de leur compagnie.

27. Ils iront ensuite donner l'ordre aux compagnies, dans la forme prescrite par l'ordonnance de police de discipline.

28. Les brigadiers avertiront les cavaliers commandés de service.

29. Le quartier-maître donnera aux vivandiers les ordres qui les concernent, et le vaguemestre donnera aux valets des officiers ceux qui regardent les équipages.

30. Le maréchal-des-logis du piquet portera l'ordre aux officiers de piquet, et recevra ceux que le capitaine de piquet auroit à lui donner relativement à sa troupe.

31. Les majors des régimens enverront l'ordre cacheté aux gardes ordinaires que leurs régimens auront fournis, par les ordonnances de ces gardes.

32. On ne sonnera jamais à l'ordre pendant la nuit, pour assembler les gardes ou détachemens, afin de ne point éveiller les troupes et d'empêcher l'ennemi d'en avoir connoissance.

Les officiers et sous-officiers de police éveilleront sans bruit les cavaliers de piquet.

33. Le même silence et les mêmes précautions seront observés lorsqu'il sera commandé, pendant la nuit, des brigades, des régimens ou des escadrons entiers; et l'on éveillera sans bruit les troupes qui devront marcher.

34. Lorsque l'ordre arrivera pendant la nuit pour que l'armée entière ou qu'un corps détaché marche le lendemain, les majors en avertiront le commandant du régiment seulement, le boute-selle devant seul instruire l'armée qu'elle doit marcher; ainsi que cela sera dit plus amplement au titre des marches.

TITRE XVII.

De l'ordre à observer pour commander le service dans l'armée.

Article premier.

Le service que les troupes à cheval auront à faire dans l'armée, sera dorénavant de deux sortes : le premier sera appelé *service intérieur de l'armée* ; le second, *détachement de guerre*.

2. Sous la dénomination de service intérieur de l'armée, seront compris les gardes ordinaires, gardes du quartier-général et de police de l'armée, escortes et postes de communication.

3. Par celle de détachement de guerre, on entendra les avant-gardes ou arrière-gardes d'armée, et les différentes opérations de guerre pour entreprendre sur l'ennemi.

4. Pour le service intérieur de l'armée, on commandera des détachemens formés par escouades, ainsi qu'il a été dit aux titres 9 et 10.

5. Pour les détachemens de guerre, il sera employé par préférence, suivant leur force, des brigades et des régimens.

6. Le maréchal-général-des-logis de la cavalerie commandera les troupes pour les différens services par division, observant d'avoir égard au nombre de brigades dont chacune d'elles sera composée, pour que les divisions ne fournissent qu'à proportion de leur force.

7. Pour cet effet, il tiendra un contrôle des divisions des troupes à cheval de l'armée, sur lequel seront marquées exactement toutes les troupes commandées, afin de pouvoir égaliser leur service.

8. Les majors des divisions égaliseront ensuite celui des brigades dans les divisions, et les majors de brigade, celui des régimens dans les brigades.

9. Les majors de brigade commanderont les colonels, lieutenans-colonels, majors et majors en second des régimens de leur brigade, par ancienneté de commission dans leur grade.

10. Les colonels, lieutenans-colonels et majors, pourvus de lettres de commandement pour des actions de guerre, conformément à l'ordonnance des grades, du 17 mars 1788, ne rouleront point pour le service avec les autres colonels, lieutenans-colonels et majors; ils prendront rang entre eux de la date desdites lettres de commandement.

11. Lorsque le général jugera à propos de faire marcher des majors en détachement, ils y commanderont suivant leur grade et ancienneté de leur brevet, si toutefois ils n'ont pas les lettres de commandement dont il est fait mention dans l'article ci-dessus.

12. Les majors en second seront commandés après tous les majors.

13. Si l'état-major de la cavalerie avoit commandé, dans un cas pressé, des troupes d'une division plus à portée et hors du tour de cette division, il lui en tiendroit compte ensuite.

TITRE XVIII.

Des détachemens, du rang que les troupes y garderont entre elles, et du rang que les officiers tiendront entre eux pour les commander.

ARTICLE PREMIER.

TOUT détachement sera formé à la tête du camp de son régiment, et de là conduit au centre de la brigade, d'où il partira pour se rendre au rendez-vous indiqué ou à sa destination, suivant les ordres qu'il recevra.

2. Le major de la brigade prendra le nom et le grade du commandant du détachement, pour les envoyer au major de la division.

3. Les détachemens de troupes à cheval, de quelque régiment qu'ils soient, marcheront entre eux, suivant le rang de leur brigade, et dans leur brigade, suivant le rang de leur régiment; mais les officiers commanderont suivant l'ancienneté de leur commission ou brevet.

4. L'ancienneté des commissions ou brevets, à parité de grade, déterminera de même le commandement entre les officiers supérieurs.

5. Afin de prévenir à cet égard toute contestation

ou méprise, tous les officiers qui marcheront en détachement, seront tenus de porter sur eux l'ampliation du brevet de leur grade, dont, conformément à l'ordonnance de la hiérarchie, ils doivent toujours être pourvus.

6. Si lors de la réunion de plusieurs détachemens, il n'y a pas eu de commandant spécialement nommé, le commandement sera dévolu au plus ancien officier, d'après la confrontation de leurs brevets, faite en présence du major de la division; et s'il y a un commandant, cette confrontation se fera pareillement en présence de ce dernier, afin qu'à son défaut, celui qui doit le remplacer soit instruit qu'il doit succéder au commandement.

7. Les officiers supérieurs pourvus de lettres de commandement, prendront rang entre eux de la date desdites lettres; mais S. M. n'admettant d'ailleurs d'exercice de grade que pour les emplois titulaires, à la réserve des exceptions qu'elle a faites pour certains corps, dans l'ordonnance de la hiérarchie, aucune autre commission ne pourra donner de droit au commandement.

8. A parité absolue de grade et d'ancienneté de grade, l'ancienneté de service dans le grade précédent aura le commandement.

9. Les majors auront, en toute occasion, le rang et le commandement sur les majors en second.

Les chefs-d'escadron sur les capitaines, et les lieutenans sur les sous-lieutenans.

10. Tout commandant de détachement assignera, à son choix, aux officiers supérieurs ou particuliers, les postes qu'ils devront y occuper, sans qu'ils puissent former aucune prétention relativement à leurs grades.

Il placera de même les troupes comme il le jugera nécessaire, sans que, sous prétexte de rang ou de prérogatives, elles puissent refuser de se conformer à ce qui sera par lui ordonné; il observera cependant, autant qu'il sera possible, de ne point séparer le détachement d'un même régiment et d'une même brigade.

11. Dans tout détachement, soit d'une seule arme, soit de deux armes, l'officier de grade supérieur commandera toujours, à parité de grade, et sera le plus ancien dans le grade.

A parité d'ancienneté de grade, ce sera le plus ancien de service dans le grade précédent.

12. Tout officier d'infanterie ou de troupes à cheval qui aura été nommé à l'ordre de l'armée, ou aura reçu un ordre particulier du général ou commandant du camp, pour commander un détachement composé d'infanterie ou de troupes à cheval, le commandera pendant tout le temps que le détachement sera hors du camp, et dans quelque lieu qu'il se trouve.

13. Lorsque l'officier commandant un détachement composé d'infanterie et de troupes à cheval, sera tué, fait prisonnier, ou se trouvera hors d'état de le suivre, l'officier du grade supérieur après lui en prendra le commandement, ainsi qu'il a été dit ci-dessus, article 9.

14. Quand un détachement sera dans le cas de se mettre à couvert dans un lieu où il trouvera d'autres troupes établies pour la garde, l'officier qui le commandera sera aux ordres de celui qui commandera ledit poste, pendant le temps que ledit commandant du détachement jugera à propos d'y demeurer; quand même le commandant dudit poste seroit inférieur en grade au commandant du détachement; mais le commandant du poste ne pourra y retenir le détachement, sous quelque prétexte que ce soit.

15. Si plusieurs détachemens se rencontrent ensemble dans un lieu fermé où il n'y aura pas d'autres troupes établies, le commandement sera réglé entre eux pour tout le temps qu'ils seront réunis, comme s'ils n'étoient qu'un seul et même détachement, sans néanmoins que le commandant d'un détachement puisse empêcher l'autre de suivre ses ordres et sa destination.

16. Les colonels et autres officiers de troupes à cheval qui seront détachés pour escorter les convois d'artillerie, se conformeront à ce qui leur sera de-

mandé par l'officier d'artillerie chargé du convoi, de quelque grade qu'il soit, pour l'ordre de marche des voitures, la disposition du parc, et les postes et sentinelles à placer pour éviter les accidens.

Ils déféreront aussi à ce qui leur sera proposé par l'officier d'artillerie pour l'heure du départ et les haltes, autant que cela pourra s'accorder avec les nouvelles qu'ils auroient des ennemis, et avec la sûreté et la défense du convoi dont le commandant de l'escorte sera personnellement chargé.

17. Lorsqu'avec un convoi d'artillerie il n'y aura point de détachement du corps ou d'infanterie, les troupes à cheval qui serviront d'escorte à ce convoi fourniront un cavalier d'ordonnance au logis ou à la tente de l'officier d'artillerie commandant ledit convoi; et si cet officier est lieutenant-colonel d'artillerie ou d'un grade supérieur, il aura de plus une sentinelle.

18. Tout officier qui commandera un détachement sortant du camp pour aller aux ennemis, donnera un mot de ralliement à sa troupe; et même, s'il en est besoin, un rendez-vous pour la rassembler, en cas que, par quelque circonstance, elle se trouvât séparée.

19. Le commandant d'un détachement pourra choisir l'officier qu'il voudra pour commander les petites troupes qu'il enverra en avant, ou les détachemens particuliers qu'il voudroit envoyer.

20. Pendant toute la durée du détachement, le commandant sera responsable de la discipline des troupes qu'il commandera, et il les tiendra avec autant d'ordre qu'au camp.

S'il est en poste fixe, il les fera exercer régulièrement.

Le commandant en chef du détachement sera chargé de la discipline et tenue de toutes les troupes qui le composeront, et sera personnellement responsable.

21. Les détachemens observeront en marche le même ordre et les mêmes précautions qui seront détaillées ci-après, pour les régimens, au *titre des marches*

22. Lorsqu'un détachement rentrant à l'armée se trouvera à la vue du camp et au-dedans des grand'-gardes, l'officier qui le commandera fera faire halte à son avant-garde, et mettre les troupes en bataille à mesure qu'elles arriveront, faisant face au-dehors du camp.

23. Lorsque son arrière-garde l'aura joint, il fera défiler devant lui chaque troupe, et la renverra à son camp.

24. Il examinera, avant de les faire défiler, s'il ne manque personne; et s'il trouve quelqu'un chargé de maraude, il le fera conduire au prévôt.

25. Après avoir fait l'arrière-garde de tout le détachement, il ira en rendre compte au lieutenant-général commandant la division dont il aura été détaché, ou au général de l'armée, s'il en a reçu une instruction particulière.

26. Si le détachement est chargé d'escorter quelque convoi ou équipages, il ordonnera aux troupes de l'escorte qui auront la tête, de s'arrêter successivement dès qu'elles seront à portée du camp, de se mettre en bataille; et après que ce convoi ou équipages seront tous entrés dans le camp, il y fera rentrer son escorte.

27. Les détachemens de chaque régiment ne se sépareront qu'à la tête de leur régiment; et il ne sera permis à aucun cavalier de quitter plutôt sa troupe.

28. Les officiers qui auront commandé ces détachemens, en rendront compte au commandant du régiment, qui les enverra rendre compte personnellement au maréchal-de-camp commandant la brigade, s'il juge que cela soit nécessaire.

29. Ils informeront aussi le major de brigade de ce qui s'y sera passé, pour que, s'il y a lieu, il puisse en rendre compte au maréchal-général-des-logis de la cavalerie.

30. Lorsqu'il sera fait des prises par les détachemens commandés par un officier-général ou supérieur, il en sera usé, pour la vente ou la répartition du produit des prises, ainsi qu'il sera dit au titre 29.

TITRE XIX.

De la discipline et police dans les armées et dans le quartier-général.

Article premier.

Un régiment ne montera jamais à cheval, dans les armées, sans la permission du commandant de l'armée, à moins que ce ne soit pour manœuvrer, ou que cela lui fût ordonné sur-le-champ par un officier-général.

2. Aucun officier ne pourra s'absenter de l'armée, ni même en découcher, sans la permission par écrit du commandant de la division, demandée par les gradations établies.

Si c'est pour plus de quatre jours, le commandant de la division s'y fera autoriser par le général de l'armée, en faisant passer sa demande par le maréchal-général-des-logis de la cavalerie.

3. Les officiers ne pourront de même, sans la permission du général, profiter des congés qu'ils obtiendront, et la demande en sera faite dans la même forme que ci-dessus.

4. Aucun officier ne pourra se servir, pour des objets étrangers au service, des voitures et chevaux du pays, sans y être autorisé, sous peine d'une punition sévère.

5. S'il s'en trouve qui, par des malheurs arrivés à leurs équipages, aient besoin de ce secours, les commandans des divisions s'adresseront au général de l'armée pour le leur procurer, en faisant passer leur demande par le maréchal-général-des-logis de la cavalerie.

6. A cet effet, il y aura toujours à la suite du quartier-général, un parc de voitures rassemblées par les ordres de l'intendant de l'armée, et auquel sera préposé un commissaire-des-guerres pour en faire le détail.

7. Le maréchal-général-des-logis de la cavalerie

procurera aux officiers qui en auront besoin, une permission par écrit, et limitée, pour prendre audit parc, des chariots, qu'ils paieront à raison de vingt-cinq sols par jour par chaque cheval, pendant le temps qu'ils les emploieront.

Ils seront tenus, en outre, de nourrir les conducteurs desdits charriots, et de pourvoir à la subsistance de leurs chevaux.

8. Au terme expiré de la permission, les officiers seront tenus de les renvoyer au parc, et retireront les reçus qu'ils auront donnés au commissaire-des-guerres chargé de ce détail; faute de quoi, sur la plainte des paysans, ils paieront le prix des chevaux et des charriots.

9. La chasse sera généralement défendue à tout ce qui composera l'armée, tant au camp que dans les quartiers et cantonnemens. Les officiers qui seront convaincus d'y avoir été, seront envoyés en prison pour trois mois; et les cavaliers, valets et vivandiers seront punis par les caporaux de la prévôté.

10. Il sera pareillement défendu, sous la même peine, de pêcher, de couper des arbres fruitiers ou de décoration, d'arracher les jalons qui marqueront les chemins des colonnes, d'enlever aucune haie, palissade ou poteau, et de prendre aucun bois neuf ou vieux, façonné.

11. Il ne pourra être établi dans le camp ou aux environs, aucuns jeux de hasard, sous quelque nom qu'ils puissent être désignés, à peine, pour ceux qui donneront à jouer, d'un an de prison, et de quatre mois pour les officiers qui auront joué.

12. Les officiers de police visiteront de temps en temps les lieux où les cavaliers pourroient tenir des jeux dans le voisinage du camp, et ils y enverront des patrouilles pour les arrêter.

13. Le rapport journalier fera mention de la prise d'un cavalier, et de la circonstance dans laquelle il aura été pris.

14. S. M. paiera la rançon des officiers qui seront faits prisonniers de guerre; mais à l'égard de ceux

qui auront été pris dans toute autre circonstance où il y aura de leur faute, les officiers paieront leur rançon, et seront envoyés en prison à leur retour, et celles des cavaliers seront payées par leur capitaine.

15. Le maréchal général des logis de la cavalerie tiendra un état par régiment et par compagnie des officiers de troupes à cheval, et des cavaliers qui auront été faits prisonniers de guerre, en spécifiant les occasions où ils auront été pris, afin d'y avoir recours lorsqu'il s'agira de constater par qui la rançon devra être payée.

16. Aucun officier de cavalerie ou des dragons, campé en ligne, ne pourra engager un déserteur venant de l'ennemi, qu'après que le maréchal général des logis de la cavalerie lui en aura fait obtenir la permission du général de l'armée.

17. Les officiers de hussards, dragons et chasseurs, qui seront employés aux avant-gardes, pourront engager des déserteurs venant de l'ennemi, après en avoir obtenu la permision du commandant de l'avant-garde ou du détachement dont ils feront partie.

18. Les chevaux des déserteurs ennemis seront conduits tout équipés, au général; et s'ils sont jugés propres au service, ils seront achetés pour le compte de S. M., et payés auxdits déserteurs à raison de cent livres par cheval de cavalier, avec sa selle et bride, de soixante livres par cheval de dragon, et de cinquante livres par cheval de hussard.

19. Les armes, gibernes, ceinturons et bandoulières des déserteurs seront remises au prévôt de l'armée et par lui au commandant de l'artillerie; il en sera tenu un état, et il en tirera un reçu: il sera défendu à toutes personnes de les acheter.

20. S. M. excepte des articles précédens les régimens de hussards, dragons et chasseurs; employés aux corps avancés; autorisant les commandans de ces corps de garder les chevaux des déserteurs ennemis, lorsqu'ils mettront pour condition aux engagemens qu'ils contracteront, de garder leurs propres chevaux;

et, dans ce cas, ces chevaux ne seront payés auxdits déserteurs qu'à la fin de la campagne.

21. Les chevaux qui seront trouvés sans maître ou sans conducteur dans le camp, ou dans les environs, seront menés chez le prévôt de l'armée qui les rendra à qui ils appartiendront.

22. On restituera de même, sans rien payer, ceux qui, ayant été perdus ou volés, seront réclamés par leurs maîtres, quand même ils auroient été vendus par ceux qui les auroient volés ou trouvés, devant être défendu à qui que ce puisse être d'acheter des chevaux d'autres que d'un officier connu.

23. Personne ne pourra enrôler ni engager le domestique d'un officier, sans le congé de son maître, non plus qu'aucun charretier ou autre homme servant dans les équipages de l'artillerie et des vivres, s'il n'est porteur d'un congé en bonne forme, à peine de nullité de l'engagement, et de perdre ce qui aura été donné au domestique, etc.

24. Les officiers pourront reprendre leurs valets partout où ils les trouveront; et les valets qui les quitteront sans en avoir fait connoître les raisons aux commandans des corps, seront punis suivant la rigueur des ordonnances.

25. Tout valet qui étant sorti de condition, voudra se retirer de l'armée, sera obligé de prendre un congé du prévôt, qui lui servira de passe-port.

26. Il sera défendu à toutes personnes d'aller au-devant de ceux qui apporteront des vivres au camp, de leur faire aucun tort ou violence, ni d'en tirer aucune rétribution, à peine aux cavaliers, valets, vivandiers, et autres qui contreviendront à ces défenses, d'être envoyés au prévôt, où ils seront punis par les caporaux de la prévôté.

27. Il leur sera défendu, sous la même peine, de donner aucun empêchement aux moulins, bâtardeaux, ou écluses dans les environs du camp.

28. Qui que ce soit qui sera trouvé chargé de hardes et d'ustensiles pris en maraude, sera envoyé

au prévôt, et jugé comme voleur, suivant la rigueur des ordonnances.

29. Les commandans des régimens ne souffriront point qu'aucun autre vivandier que ceux de leur régiment s'établisse dans le terrain qu'il occupera.

30. On ne souffrira point à la suite des corps des gens sans aveu, et s'il s'y en trouve, ils seront envoyés au prévôt.

31. Lorsqu'on enverra au prévôt un cavalier, valet, vivandier ou autre, le major du régiment qui l'enverra, marquera sur un billet le sujet pour lequel il y sera conduit, n'étant permis à aucun officier particulier d'y envoyer directement.

32. Il sera défendu à tous employés, vivandiers et autres gens à la suite de l'armée, d'être vêtus de bleu, cette couleur n'étant permise qu'à ceux qui y seront autorisés par leur uniforme. Les valets qui en seront habillés porteront des galons de livrée.

33. Tous les commis des vivres de la viande, des hôpitaux et des fourrages, seront tenus de porter des cocardes des couleurs qui leur seront prescrites par le général de l'armée.

34. La discipline de l'armée exigeant qu'il y ait une peine afflictive pour contenir les valets, vivandiers et autres gens qui la suivent, il sera établi, à la suite de la prévôté, des caporaux pour punir ceux qui manqueront aux ordres donnés.

35. Le nombre de ces caporaux sera proportionné à la force de l'armée; ils seront vêtus et coiffés uniformément, et de manière qu'on puisse les reconnoître et les voir de loin.

Ils seront aussi tous montés, afin de pouvoir suivre les détachemens de la prévôté les jours de marche et de fourrage.

36. Tous valets, vivandiers et autres suivant l'armée, qui seront trouvés en contravention aux ordres établis, seront conduits au prévôt, et punis au milieu du quartier-général, par les susdits caporaux.

37. Aucun détachement de la prévôté ne pourra faire punir sur-le-champ les contrevenans, à moins

qu'il ne lui en soit donné ordre par un officier général supérieur, ou de l'état-major de la cavalerie; sans cela, il sera tenu de les mener au prévôt général, pour que celui-ci puisse ordonner de leur punition.

38. Tout cavalier contrevenant à la discipline de l'armée et faisant du désordre, devant expier publiquement son délit, sera puni par les caporaux de la prévôté à la tête de son régiment, suivant l'ordre qu'en donnera le maréchal général des logis de la cavalerie, d'après le compte qui lui en aura été rendu par l'officier de la garde qui l'aura arrêté, ou par le prévôt, s'il a été pris par un détachement de la prévôté.

39. Lorsque des soldats, cavaliers, dragons ou valets auront été arrêtés contrevenant aux ordres, par des gardes, autres que celles de leurs régimens, ou par des détachemens de la prévôté, il sera payé par les chefs de l'escadron ou par les officiers à qui les valets appartiendront, six livres par chaque homme qui sera puni par les caporaux de la prévôté.

Mais quand ce seront les gardes du même régiment qui les auront arrêtés, et qu'ils auront été envoyés au prévôt par le major, il ne sera rien payé; et le soldat, cavalier, dragon ou valet, sera seulement puni ainsi qu'il a été dit ci-dessus.

40. Lorsque les régimens auront besoin de caporaux de la prévôté pour la punition de leurs cavaliers, ils les enverront chercher chez le prévôt par une escorte, et les feront ramener de même.

TITRE XX.

De la prévôté.

Article premier.

Le prévôt de l'armée et les détachemens à ses ordres veilleront à la police et au bon ordre.

2. Il sera aux ordres du major-général, et il aura

sous lui toute inspection et autorité sur les vivandiers, marchands et autres à la suite du quartier-général. Aucun ne pourra suivre l'armée sans sa permission, et sans être inscrit et numéroté chez lui.

3. Avant que l'armée entre en campagne, il veillera à ce qu'il y ait à la suite du quartier général un nombre suffisant de vivandiers, bouchers, boulangers, marchands de vin, armuriers et artisans de toute espèce, et il leur donnera toute protection et sûreté nécessaires.

4. Il éloignera de l'armée tous gens sans aveu, suspects ou inutiles, devant être informé par ses cavaliers ou autres qu'il préposera à cet effet, de l'état, métier ou profession de tout ce qui est à la suite de l'armée.

5. Il fera, avant d'entrer en campagne, la revue de tous les équipages des vivandiers, ayant spécialement soin qu'ils n'aient que des voitures à quatre roues, attelées de quatre bons chevaux, ou des chevaux de bâts.

Il fera numéroter toutes les voitures, et écrire en outre dessus, en gros caractères, le nom des vivandiers auxquels elles appartiendront.

6. Il en donnera un état signé de lui au vaguemestre général de l'armée, afin que, sur cet état, il puisse leur être donné le fourrage nécessaire, et leur faire prendre leur rang dans les marches, et pour qu'il puisse connoître et faire arrrêter tous les vivandiers et leurs voitures qui n'auroient pas été inscrits chez le prévôt.

7. Il tiendra un contrôle exact de tous les vivandiers, marchands et autres à qui il aura permis de suivre l'armée. Sur ce contrôle seront marqués leurs noms, leurs numéros, leur profession ou commerce, le nombre de leurs domestiques et celui de leurs chevaux et voitures.

8. Il veillera à ce que les vivandiers et les marchands de vin, ne vendent aucuns vins ni eau-de-vie de mauvaise qualité, et qu'ils soient toujours pourvus de vinaigre pour en fournir aux troupes. Le prix de ce

vinaigre sera taxé au commencement de la campagne, et ne variera plus jusqu'à la fin.

9. Lorsqu'il y aura des corps ou réserves, détachés de l'armée, le prévôt y enverra le nombre de vivandiers qui lui sera prescrit par le major-genéral, ou par le maréchal général des logis de la cavalerie; et à cet effet ils seront tous commandés, chacun à leur tour, pour y marcher.

10. Le prévôt de l'armée fournira tous les détachemens qui lui seront commandés par le major-général et le maréchal général des logis de la cavalerie, pour marcher avec les colonnes de troupes, des équipages et des fourrageurs.

11. Il fera faire de fréquentes patrouilles dans l'arrondissement du camp, pour veiller au bon ordre et empêcher la maraude.

12. Les commandans des corps, les gardes du quartier-général, et tous les postes de l'armée, prêteront main-forte aux détachemens de la prévôté lorsqu'ils en seront requis.

13. Lorsque, pour assurer de plus en plus la police de l'armée, il sera ordonné des amendes pour les contrevenans, le prévôt en tiendra un registre exact, et en rendra compte tous les mois au major général, pour qu'il soit fait de ces fonds l'usage que le général jugera à propos d'ordonner.

14. Le grand nombre de prisonniers détenus à la prévôté étant à charge à l'armée pour les gardes qu'il exige, tous cavaliers, soldats, valets, vivandiers et autres, qui y seront conduits, seront punis sur-le-champ, s'ils le méritent, sinon renvoyés d'après l'ordre qu'en donnera le major-général, ou le maréchal-général-des-logis de la cavalerie, sur le compte qui lui en aura été rendu par le prévôt.

15. Il ne restera aux prisons de la prévôté que les criminels à juger pour des cas prévôtaux, et même si leur procédure traîne en longueur, les susdits criminels seront renvoyés dans les prisons des places sur les derrières de l'armée.

16. Le lieutenant du quartier-général sera chargé

de vérifier si les cavaliers sont conduits en règle au quartier-général, et ramenés de même au camp, et il rendra compte au maréchal général des logis de la cavalerie des régimens qui auront manqué sur cet objet à l'ordre prescrit.

17. Pour maintenir plus parfaitement le bon ordre et la police dans le quartier-général, chaque brigade y enverra tous les matins un maréchal-des-logis, qui y sera aux ordres du major du quartier-général.

18. Ces maréchaux-des-logis arrêteront les cavaliers de leurs brigades qui ne seront pas trouvés au rendez-vous qui leur aura été donné par leurs officiers; ils prendront leurs noms, et en rendront compte chaque soir, en rentrant au camp, aux majors de leurs régimens, afin qu'ils soient punis.

19. Il sera, de plus, donné ordre à tous les postes du quartier-général, d'arrêter tous les soldats, cavaliers ou dragons, qui s'y trouveront après les heures prescrites; ils seront conduits à la garde de la place, et il en sera rendu compte au major-général ou au maréchal-général-des-logis de la cavalerie, suivant le corps dont ils seront, pour qu'ils ordonnent de la punition.

20. Il y aura journellement au quartier-général une garde de police à cheval, tirée de la cavalerie de la ligne. Cette garde sera d'un lieutenant, d'un maréchal-des-logis, quatre ou cinq escouades et un trompette, et elle sera spécialement chargée de prêter main-forte au prévôt de l'armée, et de lui fournir les escortes dont il aura besoin.

21. Cette garde ne montera à cheval pour personne, sans un ordre du général, qui lui prescrira ce qu'elle aura à faire.

Son maréchal-des-logis ira prendre l'ordre chez le lieutenant ou major du quartier-général.

TITRE XXI.

Des équipages des officiers-généraux, des vaguemestres-généraux et particuliers, et de la police des tables.

ARTICLE PREMIER.

Les seuls officiers-généraux et les chefs des états-majors pourront avoir dans les armées une berline et un charriot, attelés au moins de quatre bons chevaux.

2. Ils ne pourront avoir à la suite de leurs équipages aucuns charriots de boulangers, de vivandiers ou de bouchers, à moins qu'ils ne commandent des corps séparés, en ce cas, il leur sera accordé, par le général, les permissions relatives à leurs besoins.

3. L'équipage du lieutenant-général ne pourra pas excéder le nombre de trente chevaux ou mulets, et celui des maréchaux-de-camp vingt; dans le nombre, seront compris les attelages des voitures qui leur sont ci-dessus permises.

Les aides-de-camp fixés, ou officiers-généraux, ne pourront avoir plus de cinq chevaux chacun.

4. Il sera permis aux aides des états-majors généraux et aux commissaires des guerres, d'avoir des cabriolets à deux roues et des calèches de poste à l'allemande.

5. Les vivandiers, marchands, fournisseurs, ouvriers ou autres, non attachés à des régimens, et à la suite de l'armée ou du quartier-général, ne pourront avoir que des charriots à quatre roues et à timon, tirés par deux ou quatre chevaux, attelés deux à deux.

6. Dans le pays où l'usage des voitures ou charriots ne pourra pas avoir lieu, et même sera moins avantageux que celui des mulets et chevaux de bât; le

général de l'armée fera, à cet égard, les réglemens qu'il jugera convenables.

7. Toutes autres voitures à deux roues, quelque nom qu'on puisse leur donner, seront généralement défendues dans les armées.

8. Tous les chevaux de voitures, généralement, soit de l'artillerie, des vivres, des vivandiers ou des équipages, seront cramponnés devant et derrière pendant toute la campagne. Le commandant de l'artillerie, le munitionnaire, le général des vivres, les commandans des corps et le prévôt, seront responsables, chacun dans leur partie, de l'exécution de cet ordre.

9. Toutes les voitures quelconques seront marquées du nom du maître à qui elles appartiennent et de celui du régiment; et celles des vivandiers du quartier-général, du nom des vivandiers, marchands, ouvriers, etc., et du numéro qui leur aura été donné par le prévôt lorsqu'ils s'y seront fait enregistrer.

10. Dans les armées et dans les camps de paix, les tables des officiers-généraux et supérieurs seront assujéties à la règle prescrite par les ordonnances d'organisation de l'armée, et de la police et discipline intérieure des régimens; et S. M. en rend les généraux d'armée responsables. A l'égard de ceux-ci, elle ne leur prescrit rien pour ce qui les concerne; mais elle exige d'eux qu'ils donnent, dans tout ce qui a rapport à leur maison, à leur table et à leurs équipages, l'exemple de la simplicité.

Toute vaisselle d'argent sera défendue à la guerre, à l'exception des couverts et cuillers à ragoût.

Les haltes seront permises, mais il n'y sera servi que de grosses viandes froides.

11. Le maréchal-général-des-logis de l'armée proposera au général un officier, pris parmi les officiers de fortune les plus intelligens et les plus actifs des régimens servant à l'armée, pour faire les fonctions de vaguemestre général.

Cette place lui donnera le rang et l'autorité de capitaine.

Il aura sous lui, selon la force de l'armée, deux aides-vaguemestres, qui seront tirés des maréchaux-des-logis ou sergens.

Cet officier sera remplacé dans le régiment d'où il aura été tiré, et aura, au moyen de la commission de capitaine, le commandement sur tous les lieutenans ou sous-lieutenans commandant les escortes de police des équipages des brigades.

12. Tous les vaguemestres des brigades et des régimens viendront se faire inscrire chez le vaguemestre général, le jour de leur arrivée au premier camp; il en dressera un contrôle, et ce sera sur ses certificats, visés du maréchal-général-des-logis de l'armée, qu'ils seront payés; savoir : les vaguemestres des brigades, à raison de trois livres, et ceux des régimens, de vingt sous par jour de marche.

13. Lorsque l'on enverra les équipages sur les derrières, tous les vaguemestres des brigades recevront tous les jours les ordres du vaguemestre général, pour le rang qu'ils devront occuper dans leurs marches pour les rendez-vous où ils devront s'assembler, et l'heure du départ, et ils le donneront aux vaguemestres des régimens de leur brigade.

14. Hors ce cas, le vaguemestre sera seulement chargé de la conduite des équipages du quartier-général et des vivandiers qui y seront attachés. Le maréchal-général-des-logis de l'armée lui fera remettre, les jours de marche, l'ordre dans lequel ils devront marcher, et le lieu où ils s'assembleront. Il aura soin d'en instruire les domestiques des officiers-généraux et autres attachés au quartier-général, et d'en faire part au prévôt de l'armée, pour qu'il y fasse trouver les vivandiers.

15. Le vaguemestre-général se rendra au rendez-vous avant l'heure où les équipages devront s'y assembler; et à mesure qu'ils y arriveront, il les fera placer chacun dans le rang marqué ci-après :

Les menus équipages du général suivront leur rang.

De l'intendant ;

Du trésorier ;

Du maréchal-général-des-logis de l'armée ;

Du major-général ;

Du maréchal-général-des-logis de la cavalerie ;

Des officiers-généraux attachés au quartier-général ;

Du munitionnaire général des vivres, et de l'entrepreneur ou régisseur général de la viande ;

Des aides des trois états-majors, suivant l'ordre marqué ci-dessus pour les chefs ;

Des commissaires des guerres ;

Des vivandiers qui n'auront que des chevaux de bât.

16. Les gros équipages marcheront à la suite des menus et dans le même ordre, excepté que les voitures du trésor de l'armée et celles du trésor des vivres en auront la tête, et précéderont celles du général de l'armée, qui seront suivies des voitures de la poste.

Les charriots du pays, chargés de fourrages et attachés à l'intendance, marcheront après les charriots des vivandiers.

L'hôpital ambulant recevra, tous les jours de marche, un ordre particulier pour la colonne où il devra marcher, et le rang qu'il devra y tenir.

17. La garde de cavalerie du quartier-général marchera avec le trésor, et donnera main-forte au vaguemestre général ou à ses aides, pour maintenir la police et l'ordre dans la marche.

19. Nul officier de troupes à cheval, de quelque grade qu'il soit, ne donnera aucune escorte armée à son équipage ; s'il y étoit contrevenu, le major du régiment dont sera l'escorte en rendra compte au major général, et le vaguemestre général au maréchal-général-des-logis de l'armée, qui seront tenus l'un et l'autre d'en instruire le général.

20. Les officiers-généraux garderont, avec leurs équipages, leurs anciennes gardes telles qu'elles sont fixées au titre des honneurs militaires.

Ces gardes, à leur arrivée au logement des officiers-généraux, enverront une ordonnance au camp, pour chercher les nouvelles gardes qui doivent les relever.

21. Toutes les gardes d'officiers-généraux seront, pendant la marche, aux ordres du vaguemestre général, pour tout ce qui a rapport à la police et à l'ordre des équipages; et à ceux du commandant de l'escorte, pour toutes les dispositions militaires, s'il y avoit lieu.

22. Le vaguemestre-général conduira les équipages pendant la marche, leur faisant suivre exactement les guides qui leur seront donnés, et empêchant qu'ils ne les devancent.

23. Il fera arrêter les valets, vivandiers, etc., qui voudroient passer devant leur rang.

24. Le vaguemestre-général fera arrêter toutes les voitures appartenantes à des personnes auxquelles elles ne sont point permises; toutes celles excédant le nombre permis, ou d'une espèce différente; tous les chariots des paysans, lorsqu'il n'y aura pas une permission par écrit de s'en servir, donnée par l'intendant, si c'est à des personnes attachées au quartier-général, ou par le major-général ou le maréchal-général-des-logis de la cavalerie, si elles sont de ces corps; et enfin tous les vivandiers sans numéro, et qui n'auront point été enregistrés par le prévôt.

25. Il fera conduire ces voitures, en arrivant au quartier-général, par la garde de cavalerie, chez le prévôt, qui, après avoir pris les ordres du major-général, les fera vendre, et en distribuera l'argent aux cavaliers de cette garde et à ceux de la prévôté.

26. Il veillera à ce que chaque vaguemestre particulier fasse son devoir, et à ce que les ordres donnés soient ponctuellement exécutés.

27. Les valets se tiendront, dans les marches, à l'équipage de leurs maîtres, et les vivandiers dans le rang de leur numéro, sans s'écarter ni à droite ni à gauche.

28. Les équipages du quartier-général, qui seront arrêtés pour quelque cause que ce soit, ne pourront reprendre la file qu'à la suite de tous ceux des officiers

du même grade que leurs maîtres, et les vivandiers à la suite de tous les vivandiers du quartier-général.

29. A l'égard des équipages des troupes, ceux qui se seront arrêtés ne pourront reprendre la file qu'à la queue des équipages de leurs bataillons, de leurs escadrons, de leurs régimens ou de leurs brigades; et si ceux de leurs brigades étoient passés avant qu'ils fussent en état de marcher, ils seront obligés d'attendre que tous les équipages de la colonne aient défilé pour en prendre la queue.

30. Aucun charretier ni conducteur de bagages ne coupera ni devancera celui qui le précédera, à moins que celui-ci ne puisse pas suivre la colonne.

31. Le vaguemestre général et les vaguemestres des régimens et des brigades feront arrêter tous les valets et vivandiers qui contreviendront à ce qui est prescrit dans les quatre articles ci-dessus, et ils les feront conduire au major-général s'ils sont du quartier-général, ou au major de leur brigade ou régiment, pour être punis par leurs ordres par les caporaux de la prévôté.

32. Les jours que l'armée décampera, les vaguemestres des brigades recevront l'ordre pour la marche, des majors de leurs brigades, et ils le donneront ensuite aux vaguemestres des régimens, qui le donneront aux valets des officiers.

33. Les vaguemestres des régimens feront charger et atteler les équipages à l'heure marquée, et ils les conduiront au rendez-vous indiqué.

34. Ils ne souffriront point qu'aucun bagage se mette en marche, que le vaguemestre de la brigade ne soit venu l'ordonner, et ils feront arrêter tout conducteur d'équipage qui sera parti avant l'heure prescrite.

35. Le vaguemestre de la première brigade de la division ou de l'aile, y fera les fonctions de vaguemestre-général, et il fera marcher les équipages de chaque brigade, suivant l'ordre qu'elles y tiendront, les faisant précéder par ceux des officiers-généraux qui y seront attachés.

36. Les vaguemestres des brigades feront mettre en marche les équipages de chaque régiment, suivant le

rang que ledit régiment tiendra dans la brigade ; l'équipage du commandant de la brigade marchera à la tête.

37. Il en sera usé de même par les vaguemestres des régimens, pour les équipages des bataillons ou des escadrons qui les composent ; les équipages des colonels marcheront à la tête de ceux de leur régiment.

38. Les menus équipages précéderont toujours les gros, ainsi qu'il a été expliqué précédemment pour ceux du quartier-général, art. 12.

39. Les vaguemestres des brigades et des régimens observeront chacun, pour la conduite et police des équipages dont ils sont chargés, ce qui est prescrit ci-dessus par le vaguemestre général.

TITRE XXII.

De l'arrivée et du service des gardes dans leurs postes, des vedettes et des sentinelles.

ARTICLE PREMIER.

Les officiers des détachemens ou grand'gardes en feront l'inspection avant de partir du camp.

Le cavalier d'ordonnance qui conduira la garde marchera devant elle.

2. Lorsque la nouvelle garde approchera du poste qu'elle devra relever, la vieille garde montera à cheval ; et après avoir reconnu la nouvelle, elle la laissera avancer et se placer à sa droite ; les deux gardes auront le sabre à la main, et les deux trompettes sonneront la marche.

3. Les consignes des grand'gardes seront données par écrit par les officiers-généraux et supérieurs, qui placeront les gardes ; le commandant de la nouvelle garde recevra la consigne du commandant de la vieille, et lui en donnera son reçu.

4. Les commandans des deux gardes venant relever es vedettes et le petit poste.

5. Le commandant de la nouvelle garde enverra un cavalier d'ordonnance avec la vieille garde chez le major de son régiment ; le cavalier lui rapportera les ordres qui pourroient survenir, et conduira le lendemain la garde qui devra le relever.

6. Tout commandant de grand'garde sera le maître de changer les vedettes, s'il les trouve mal placées, observant, autant qu'il sera possible, de les poster dans des endroits d'où elles puissent découvrir de loin, et de les placer toujours doublées, lorsqu'elles seront à portée de l'ennemi, ou éloignées du petit corps-de-garde.

7. Le commandant de la grand-garde fera habituellement mettre pied à terre à une partie de sa garde, pour faire manger les chevaux, de manière qu'il y en ait cependant toujours un quart à cheval, non compris le petit corps-de-garde.

8. Le petit corps-de-garde sera habituellement d'un brigadier ou appointé et quatre hommes, il restera toujours à cheval, et sera posté intermédiairement entre la grand'garde et les vedettes.

9. Avant de faire mettre pied à terre à une partie de sa troupe, le commandant de la brigade fera fouiller les bois, les haies, censes ou villages qui seroient à portée de son poste ; et quand même le pays paroîtroit découvert autour de lui, il enverroit des patrouilles pour examiner s'il n'y auroit point de ravins ou chemins creux à portée de sa garde ; et, dans ce cas, il auroit soin de les faire éclairer souvent pendant la journée.

10. Il aura soin d'entretenir une communication par des patrouilles, avec les gardes voisines, soit de cavalerie ou d'infanterie, afin que rien ne puisse passer entre elles et lui sans être vu.

Les commandans de ces gardes s'avertiront réciproquement de ce qu'elles pourroient voir ou apprendre.

11. Le commandant de la garde visitera souvent les vedettes pour s'assurer de leur vigilance, et pour juger si toutes les avenues de son poste sont bien gardées.

12. Il fera reconnoître, pendant le jour les chemins que les patrouilles auront à tenir pendant la nuit, et fera

faire ces reconnoissances par ceux-mêmes qu'il destinera à faire ces patrouilles.

13. Vers le soir, il expliquera aux officiers et sous-officiers qui seront avec lui, la manière dont ils devront faire leurs rondes et patrouilles dans la nuit; mais les heures n'en seront jamais réglées, et il les fera partir quand il le jugera à propos.

14. Au coucher du soleil, le commandant de la garde la fera monter à cheval, fera retirer ses vedettes, et se retirera au poste de nuit, son petit corps-de-garde faisant son arrière-garde.

En faisant cette retraite, il fera deux haltes; il observera de se retirer en même temps que les gardes qui sont à sa droite et à sa gauche.

15. La garde ordinaire étant arrivée au poste de nuit, le commandant enverra à l'abreuvoir. On fera boire ordinairement les chevaux de la garde avant d'aller prendre le poste du jour; le soir, après être revenu au poste de nuit, et au milieu de la journée, dans les grandes chaleurs; mais lorsque la proximité de l'ennemi obligera à de plus grandes précautions, on n'y ira point pendant la journée.

16. Quand on ira à l'abreuvoir, le commandant de la garde la fera monter toute entière à cheval, et y enverra successivement le quart de la troupe, conduit par un officier ou sous-officier.

17. On aura le soir l'attention d'envoyer le premier à l'abreuvoir le quart de rang qui devra relever le petit corps-de-garde.

18. Après que tous les chevaux de la garde seront revenus de l'abreuvoir, et que le petit corps-de-garde, les vedettes et sentinelles auront été placées, si la position le permet, le commandant de la garde lui fera mettre pied à terre, et il en fera l'appel; mais il fera rester toujours, non compris le petit corps-de-garde qui sera à cheval, un quart de rang bridé, dont les cavaliers tiendront les chevaux par la bride.

Les vedettes seront toujours doublées pendant la nuit, et elles seront placées assez près l'une de l'autre pour qu'il ne puisse passer personne entre elles sans être entendu.

19. Le commandant de la garde donnera ensuite à ses officiers et sous-officiers le mot de l'ordre et du ralliement qui lui aura été envoyé cacheté par le major de son régiment.

20. Il veillera à ce que les cavaliers se tiennent toute la nuit autour des feux vis-à-vis leurs postes, et sans dormir.

21. Il fera faire pendant la nuit, en avant de son poste, des patrouilles plus ou moins fréquentes, suivant les circonstances.

22. Celui qui sera chargé de faire la patrouille prendra deux cavaliers à son choix, et partira après avoir reçu ses ordres.

23. Il observera de marcher avec le moindre bruit qu'il sera possible, et de faire halte de temps en temps pour écouter.

24. Quelque rencontre qu'il fasse, il ne tirera jamais que lorsqu'étant coupé il ne pourra retourner à son poste pour l'avertir.

25. Sa tournée étant finie, il s'arrêtera lorsque la vedette du poste lui aura crié, *halte-là*, et il attendra qu'un brigadier, escorté de deux cavaliers, vienne le reconnoître et recevoir de lui le mot de ralliement, ainsi qu'il sera prescrit ci-après.

26. Dès qu'il aura été reconnu, on le laissera entrer dans le poste avec ses cavaliers, et il rendra compte au commandant de ce qu'il aura vu et entendu.

27. Il rendra pareillement compte de la vigilance des vedettes et sentinelles : les commandans de patrouilles qui se seront écartés de leur poste ou du chemin qu'ils doivent tenir, seront sévèrement punis.

28. Dans les postes exposés, où il seroit à craindre que le cri des vedettes et sentinelles ne les fît découvrir, on leur donnera, de même qu'à ceux qui feront les patrouilles, un signal muet dont on sera convenu.

29. Avant le point du jour, toute la garde montera

à cheval ; et, lorsqu'il fera bien jour, on détachera du quart de rang, qui devra être placé au poste du jour, un petit corps-de-garde, un maréchal-des-logis avec six cavaliers par la droite, et un brigadier avec le même nombre par la gauche, pour aller faire la découverte dans tous les endroits que le commandant leur aura marqués ; et ils visiteront tous les lieux autour et circonvoisins du poste que la garde ordinaire devra aller reprendre où l'ennemi aura pu s'embusquer.

Ils placeront de distance en distance des cavaliers ou vedettes dans le terrain qu'ils parcourront.

Lorsque les deux sous-officiers se seront rejoints, le maréchal-des-logis restera avec la vedette la plus avancée, et le brigadier viendra rendre compte au commandant de la garde.

Les jours de brouillard, la découverte demandera encore plus de précaution de la part des sous-officiers.

30. La découverte étant faite et le brouillard dissipé de manière qu'on puisse voir autour de soi, le commandant de la garde y ayant fait rentrer le petit corps-de-garde et les vedettes du poste de la nuit, marchera pour reprendre son poste de jour ; et s'il y a une garde d'infanterie dans le cas d'aller se placer du côté du sien, elles observeront d'y marcher ensemble pour se protéger mutuellement.

31. Lorsque la garde sera arrivée à son poste de jour, le commandant se portera, avec le brigadier qui aura fait la découverte, à la vedette la plus avancée où sera resté le maréchal-des-logis ; et, après avoir vu par lui-même la vérité du rapport qui lui aura été fait, il enverra les deux sous-officiers retirer les vedettes qu'ils avoient placées : il en fournira le petit corps-de-garde, fera partir les vedettes de jour, et donnera au maréchal-des-logis les consignes qu'il jugera nécessaires.

32. Tout cela étant exécuté, le commandant reviendra à sa garde, et, suivant les circonstances, en fera mettre une partie pied à terre, ainsi quil a été expliqué ci-dessus, article 7.

33. Dès que les vedettes apercevront une troupe de quatre ou cinq personnes qui viendra de leur côté, ils la feront arrêter en criant, *halte-là*, avertissant le petit corps-de-garde, si cette troupe vient du côté de l'ennemi, ou la garde, si c'est par le côté du camp ou par les flancs, en criant : *brigadier, venez reconnoître.*

34. Aussitôt le commandant du petit corps-de-garde, ou celui de la garde, enverra deux cavaliers au galop, le mousqueton haut, à trente pas en avant de la vedette qui aura averti pour reconnoître la troupe, et la garde montera en même temps à cheval.

Lorsque les deux cavaliers seront à portée d'être entendus, ils crieront, *qui vive*; et après qu'il leur aura été répondu *France*, ils demanderont *quel régiment.*

Si c'est un officier-général, il répondra le nom de son grade, en ajoutant, *de jour*, s'il en est.

35. Les cavaliers ayant reconnu la troupe, par les réponses qui leur auront été faites, un des deux ira rendre compte au commandant de la garde; et lorsque le commandant lui aura envoyé dire de laisser approcher ou passer, il retournera à son poste après avoir averti ceux qu'il aura arrêtés qu'ils peuvent avancer, en criant, *avancez* ou *passez.*

36. Le commandant du poste fera rester sa garde en état, jusqu'à ce que la troupe soit passée et hors de sa vue; et si ce sont les officiers-généraux ou supérieurs de jour, il leur fera rendre les honneurs qui leur sont dus, ainsi qu'il sera dit au titre des honneurs militaires.

37. Les honneurs rendus par les différentes sonneries de trompettes, cesseront à la retraite, et ne recommenceront qu'à l'heure marquée pour battre la garde.

38. Lorsque les officiers-généraux et supérieurs de jour visiteront les gardes la nuit, ils seront reçus par elles de la manière suivante.

39. Lorsqu'un officier-général ou supérieur se présentera à un poste, suivi de trois ou quatre personnes,

la sentinelle ou vedette l'arrêtera, en criant, *halte-là, brigadier, venez reconnoître :* alors le brigadier s'avancera avec deux cavaliers jusqu'à la sentinelle, d'où il criera, *qui vive ;* et après que le grade lui aura été indiqué, le brigadier s'avancera, le pistolet à la main, jusqu'à la vedette, suivi de deux cavaliers, le mousqueton haut; le brigadier criera, *avance qui a l'ordre,* afin de recevoir le mot de l'officier-général ou supérieur. Ayant reçu le mot et reconnu celui qui le lui aura donné, il enverra un cavalier en rendre compte à l'officier commandant la grand'garde, qui aura fait monter la troupe à cheval et fait mettre le sabre à la main.

L'officier s'avancera ensuite à six pas en avant de la vedette, escorté de deux cavaliers et du brigadier, le mousqueton haut, et donnera le mot à l'officier-général ou supérieur; et il ira ensuite se mettre à la tête de sa troupe, pour recevoir ses ordres.

40. Le maréchal-des-logis de la cavalerie aura le droit de visiter les grand'gardes, dont les commandans exécuteront ce qu'il leur commandera de la part du général de l'armée ou de celui de la cavalerie, et il sera reçu par les gardes, comme s'il étoit de jour dans son grade.

41. Si, pendant la nuit, il se présente une troupe devant un poste pour entrer au camp, l'officier qui la commandera sera obligé de venir, avec le sous-officier qui aura été le reconnoître, trouver le commandant du poste, et celui-ci la fera rester à l'écart, et ne la laissera entrer que quand il sera jour, à moins d'un ordre par écrit du général, du maréchal-général-des-logis de la cavalerie, ou des officiers-généraux de jour.

42. Les commandans des gardes permettront néanmoins à l'officier qui commandera cette troupe, s'il a des nouvelles pressées à donner au général, d'aller chez lui ou d'y envoyer.

43. Les étrangers qui se présenteront au camp et qui mériteront attention, seront conduits au maréchal-général-des-logis de la cavalerie.

44. Les gardes ne laisseront jamais arriver jusqu'à leur poste les tambours ou trompettes venant des ennemis ; les vedettes les feront arrêter aussitôt qu'elle les apercevront, et avertiront sur-le-champ le commandant de la garde.

45. Celui-ci enverra son lieutenant ou son maréchal des-logis recevoir les paquets dont les tambours ou trompettes pourroient être chargés, leur en donner un reçu, et les fera repartir sur-le-champ, pour retourner à leur armée, sans permettre qu'ils s'arrêten à portée du poste.

Il enverra ensuite les paquets au général de l'armée S'il est important de cacher la situation ou les environs du poste à l'ennemi, le commandant fera bande les yeux à tout envoyé venant de l'ennemi.

46. Lorsqu'un tambour ou trompette ennemi entrera dans le camp, sans avoir été arrêté par les grand gardes, le commandant du poste où il aura passé ser envoyé en prison.

47. A l'égard des déserteurs, on commence par le désarmer ; si le logement du maréchal-général-des logis de la cavalerie étoit trop éloigné, ou qu'il n' eût pas de sûreté à les y conduire, on les fera garde à vue. S'ils arrivent en grand nombre, on ne les lais sera pas approcher ; mais on les fera demeurer quelque distance de la garde, qui les menera ave elle au camp en descendant la garde.

On désarmera les déserteurs, et on ne leur laisse vendre ni leurs chevaux, ni aucune partie de le équipement, jusqu'à ce qu'ils aient été conduits a maréchal-général-des-logis de la cavalerie, si c'est l'armée, ou au commandant du corps avancé, si c'e en avant de la ligne.

48. Les grand'gardes qui seront en avant et sur l flancs du camp, n'en laisseront sortir aucun solda cavalier ou dragon ; elles arrêteront ceux qui tenteroie de passer au-delà, les enverront au prévôt, et en do neront avis en même temps au maréchal-général-de logis de la cavalerie.

49. Les gardes postées sur les derrières du cam

observeront la même chose, à l'exception qu'elles laisseront passer les soldats, cavaliers ou dragons qui auront des congés en la forme prescrite par les ordonnances.

50. Elles ne causeront, ni les unes ni les autres, aucun trouble ni empêchement aux allans et venans pour le commerce et la subsistance du camp; mais, au contraire; elles leur procureront toute la liberté et sûreté nécessaire, ainsi qu'à ceux qui apporteront des vivres et denrées.

51. Les officiers et sous-officiers resteront assidument à leurs postes pendant tout le temps de leur garde, et ils contiendront exactement les cavaliers, de manière que nul ne s'en écarte sous tel prétexte que ce soit.

52. Toute garde postée pour la sûreté de l'armée ne changera jamais la position de son poste, et ne le quittera qu'après avoir été relevée par une autre, ou par un ordre écrit, soit du général, du maréchal général des logis de la cavalerie ou du major de brigade, à moins qu'un officier général ou supérieur de jour ne vienne la déplacer ou la retirer, et qu'elle soit attaquée par une force supérieure.

53. Le commandant d'une garde ne pourra refuser de se laisser relever par une autre garde, sous prétexte qu'elle seroit moins nombreuse que la sienne, ou commandée par un officier d'un grade inférieur au sien; mais s'il arrivoit qu'une troupe se présentât à une garde pour la relever, sans avoir été annoncée à l'ordre, et sans que celui qui la commande fût porteur d'un ordre signé du général, de l'état-major général de la cavalerie ou du major de la division, l'ancienne garde restera à son poste, faisant tenir l'autre à quelque distance d'elle, jusqu'à ce que l'ordre de se laisser relever lui soit arrivé.

54. Quand il y aura des consignes particulières ou de nouveaux ordres à donner aux postes, ils ne pourront l'être que par des officiers généraux ou supérieurs de jour et ceux de l'état-major général de la cavalerie, qui les donneront par écrit, ou par des billets

signés du maréchal général des logis de la cavalerie ou major de brigade.

55. Les commandans des postes feront passer promptement, par un cavalier intelligent de leur garde, au major de la division, les nouvelles intéressantes qu'ils apprendront des ennemis pendant la durée de leur garde; et si cela étoit fort pressant, comme la marche d'un corps de troupes, ils le manderont en même temps au général.

Ils se conformeront, pour la manière de faire leur rapport, à ce qui est prescrit au titre 14.

56. Le lieutenant qui devra être détaché du poste du capitaine, marchera avec lui jusqu'au poste que le capitaine devra occuper, où il le quittera pour aller prendre le sien, conduit par un cavalier d'ordonnance.

57. Le capitaine enverra, pendant la journée, le mot d'ordre ou de ralliement au lieutenant détaché de son poste, et celui-ci ne le donnera que le soir aux sous-officiers qui seront avec lui.

58. Le lieutenant détaché n'enverra pas d'ordonnance chez le major de brigade, mais au poste du capitaine.

59. Il se conduira, pour relever le poste, pour sa sûreté et pour son service, de la même manière qu'il est dit ci-dessus pour le capitaine.

60. Lorsqu'il sera relevé, il viendra rejoindre le capitaine à son poste, pour retourner au camp avec lui, sans que ni l'un ni l'autre puisse s'en retourner séparément.

61. Les officiers de garde descendront exactement la parade, à la tête du camp de leur régiment.

62. Ils y mettront leur détachement en bataille, en feront l'appel; et après lui avoir fait faire demi-tour à droite par quatre, ils le feront rentrer dans le camp.

63. Ils iront ensuite rendre compte au commandant du régiment et de la brigade, des cavaliers qui pourront manquer, et des autres choses qui mériteront attention.

64. Ils en informeront pareillement le major de leur brigade, et celui-ci en rendra compe au maréchal-général-des-logis de la cavalerie.

65. La garde du quartier-général recevra les ordres du lieutenant ou du major du quartier-général, pour tout ce qui regardera la police de ce quartier et les patrouilles à y faire, et le reconnoîtra de même que le lieutenant ou le major d'une ville de guerre.

66. Lorsque les patrouilles de cette garde auront arrêté des soldats, cavaliers, dragons, vivandiers, valets ou gens sans aveu, elles les conduiront au corps-de-garde de la place, et les remettront au commandant de la garde, en l'informant des causes pour lesquelles elles les auront arrêtés.

Les commandans de ces patrouilles instruiront à leur retour le commandant de leur garde de ce qu'ils auront fait, afin que celui-ci puisse en rendre compte au maréchal-général-des-logis de la cavalerie.

67. La garde du quartier-général donnera main-forte au détachement de la prévôté, toutes les fois qu'elle en sera requise, ainsi qu'au vaguemestre général, les jours de marche pour la police des équipages, et elle fournira au prévôt les escortes qui seront par lui demandées pour les détachemens.

68. Les jours de marche, la garde du quartier-général marchera à la tête des voitures du trésor.

69. Le commandant de la garde du quartier-général prendra tous les jours les ordres du général à l'heure de l'ordre, et il les exécutera, ou les fera exécuter.

70. Les vedettes et sentinelles seront toujours placées à portée, et, s'il se peut, en vue de la garde qui les pose.

Si, pour quelque raison particulière, on étoit obligé d'en placer une assez éloignée, pour n'être ni vue ni entendue du poste, l'officier qui le commandera, fera poser une vedette intermédiaire, qui puisse la voir, l'entendre, et avertir le poste.

71. Les sentinelles des postes seront relevées de deux heures en deux heures, sans qu'on puisse les laisser plus long-temps en faction.

72. Lorsqu'on campera dans les temps de grandes gelées, on les relevera toutes les heures, et même plus souvent si cela étoit nécessaire.

73. Avant que les vedettes et sentinelles partent du poste, elles seront présentées par le brigadier de pose, à l'officier qui le commandera.

74. Celui-ci examinera si elles sont en état de tout point, et si leurs armes sont chargées.

75. Il aura soin avant leur départ, de régler les lieux où chacune d'elles devra être posée; les plus anciens cavaliers devant toujours être placés en vedettes ou en faction dans les postes les plus avancés.

76. Ils partiront tous ensuite sous la conduite du brigadier, qui, si ce sont des vedettes, marchera à leur tête le sabre à la main, les vedettes le suivant deux à deux, le mousqueton haut, sans le quitter, ni l'aller attendre en chemin, sous quelque prétexte que ce puisse être; si ce sont des sentinelles, les cavaliers porteront le mousqueton au bras.

Le brigadier commencera toujours par relever les vedettes ou sentinelles les plus avancées.

77. Celles qui seront relevées le suivront de même pour revenir au poste, et aucune d'elles ne pourra descendre de cheval, ou poser ses armes, qu'après que le brigadier les aura présentés à l'officier, et qu'il aura ordonné de les faire rentrer.

78. Les vedettes et sentinelles, en se relevant, se donneront la consigne en présence de leur brigadier, qui s'avancera seul pour l'entendre donner; les vedettes et sentinelles qui ne seront pas encore posées, s'arrêtant à quatre pas derrière lui.

79. Les officiers de garde iront successivement visiter les vedettes et sentinelles, leur faire répéter la consigne qu'elles auront reçue, et la leur expliquer.

80. Aucune vedette ni sentinelle ne se laissera jamais relever que par les brigadiers de son détachement.

Les vedettes et sentinelles doivent regarder attentivement de tous les côtés, pour bien découvrir ce qui se passe autour d'elles, et avertir de la voix ou par signe quand elles découvriront des troupes ou plusieurs personnes venant de leur côté.

81. Pendant tout le temps qu'un cavalier sera en vedette ou en faction, il ne pourra jamais descendre de cheval, quitter ses armes ni s'asseoir, lire, chanter, ni même parler à personne sans nécessité.

Les vedettes et sentinelles doublées ne doivent jamais parler ensemble que pour ce qui regarde leur service, elles seront tournées de deux côtés opposés; et lorsqu'il paroîtra quelques troupes, l'une viendra avertir la garde pendant que l'autre restera pour observer : si l'une des deux déserte, l'autre tirera dessus, et avertira au poste.

82. Toute vedette ou sentinelle qui sera trouvée en contravention sur quelqu'un de ses objets, ou qui aura manqué à la consigne, sera à la descente de la garde, punie, suivant la nature de sa faute, et l'importance du cas.

83. Toute vedette aura le mousqueton accroché à sa bandoulière; elle portera son mousqueton haut, lorsqu'il passera devant elle quelque officier, ou des troupes, ou lorsque la proximité de l'ennemi l'exigera; hors cela, elle pourra avoir son mousqueton croisé sur le cou de son cheval.

Toute sentinelle portera le mousqueton, dans tous les cas où la vedette doit avoir le mousqueton haut, et pourra avoir le reste du temps, le mousqueton au bras.

84. Des sentinelles placées pour la garde de l'artillerie ou des poudres, feront faction le sabre à la main.

TITRE XXIII.

Instruction particulière pour les grand'gardes de cavalerie.

TOUTE grand'garde de cavalerie sera partagée en deux ou quatre divisions, suivant sa force.

Dès qu'une grand'garde de cavalerie sortira des gardes du camp, l'officier qui la commandera, détachera une avant-garde composée de la première division, en tout ou en partie, et commandée par un officier ou sous-officier, suivant la force de la garde.

Ces avant-gardes porteront, pendant le jour, le mousqueton haut; elles ne s'avanceront jamais à plus de cent pas de la troupe, et elles pousseront devant elles et sur les flancs, les cavaliers nécessaires pour éclairer la marche.

Pendant la nuit, elles marcheront le sabre à la main, afin que si elles rencontroient l'ennemi, elles pussent le charger vivement, sans lui donner le temps de se reconnoître, et elles seront suivies et soutenues de plus près, de la troupe entière.

Un officier ou sous-officier, suivant la force de la grand'garde, sera détaché avec une petite troupe pour marcher cinquante pas derrière elle; cette arrière-garde se fera suivre à trente pas, par un ou deux cavaliers, pour l'avertir de ce qui pourroit venir derrière elle.

Lorsque la grand'garde arrivera à son poste, le commandant ira lui-même placer le petit corps-de-garde composé de la totalité ou d'une partie de sa première division : il fera ensuite poser les vedettes qui devront entourer non-seulement ce petit corps-de-garde, mais la troupe entière; et il les disposera de manière qu'elles puissent, s'il est possible, tout découvrir sans être elles-mêmes en vue.

Il tâchera de couvrir sa troupe de quelque butte ou auteur, pour empêcher l'ennemi d'en connoître la orce, de façon cependant qu'au besoin elle puisse failement se porter en avant ou se retirer; il aura atntion qu'elle n'ait pas près d'elle sur ses derrières, e ravins ou de défilés, et qu'elle ne soit pas masquée e trop près, par un bois ou quelque autre obstacle, ui pourroit empêcher qu'elle ne s'aperçût de l'arrivée e l'ennemi.

Quand cette troupe sera obligée de se retirer, après voir fait rentrer son petit corps-de-garde, elle fera e mouvement par division, la première marchant uelques pas en avant, pendant que la seconde fera ne demi-conversion, et se portera au trot, à cent as en arrière, où elle fera *volte-face* : au moment où lle sera reformée, la première division fera sa demionversion pour aller joindre la seconde, et ainsi sucessivement jusqu'à ce que la grand'garde ait gagné le errain où elle sera en sûreté; sa retraite se fera d'ailurs plus ou moins promptement, suivant la manière ont elle sera suivie.

L'objet d'une grand'garde de cavalerie, étant 'avertir et non de combattre, le commandant doit 'occuper de bien éclairer en avant de lui, d'instruire romptement, et si le temps le permet, par écrit, de e qui en vaudra la peine, le général, les postes 'infanterie et de cavalerie qui sont les plus proches e lui, et le major de sa division; et dans les cas ressés, les brigades de cavalerie ou d'infanterie qui seoient les plus menacées d'attaque : ces rapports se feont dans la forme prescrite au titre XIV.

Lorsque l'ennemi arrivera sur lui en force à-peu-près gale à sa troupe, il retirera son petit corps-de-garde t ses vedettes, et se repliera lentement sans s'auser à escarmoucher, calculant le terrain que 'ennemi a à parcourir pour arriver sur lui, et celui u'il a à traverser pour gagner le poste qui doit le outenir, ou le camp; de manière qu'il ait le temps e faire sa retraite en bon ordre, et sans être obligé e combattre.

Si cependant, par quelque circonstance qu'il n'auro pu ni prévoir ni prévenir, il se trouvoit entou par l'ennemi, il prendroit alors, en homme d courage, le parti de se faire jour le sabre à la main et de regagner le camp par une charge vigoureuse toute capitulation dans ce cas, lui étant expresséme défendue.

TITRE XXIV.

Instruction pour les commandans des détachemens e escortes de convois.

Cette instruction est commune aux deux armes et les officiers des deux armes pouvant se com mander réciproquement, il a été jugé nécessaire d l'insérer dans chacune des ordonnances qui les con cernent.

Tout officier, de quelque grade qu'il soit, charg du commandement d'un détachement, doit tâcher d bien comprendre l'instruction qui lui sera donnée e partant, et se la faire bien expliquer; puisque c'e en conséquence qu'il doit régler la conduite qu'il a tenir, qui doit être différente, suivant les différen objets qu'il lui sera ordonné de remplir.

Ils peuvent être de plusieurs espèces : 1°. fair une avant-garde d'armée, ou d'un gros corps pou occuper un poste avantageux et important; 2°. fair une arrière-garde; 3°. suivre un ennemi battu 4°. pousser un corps que l'ennemi auroit avancé pou couvrir ses mouvemens ou sa retraite; 5°. escorter u convoi ou des équipages; 6°. aller aux nouvelles e reconnoître la marche ou la position d'un ennemi.

L'officier chargé de faire l'avant-garde d'une armé ou d'un corps, doit pousser vivement les troupes qu'i peut trouver devant lui, jusqu'à ce qu'il ait gagné l uteur, ou le poste avantageux qu'il doit occuper ; uand il y est parvenu, il doit s'y maintenir et s'y défendre avec la plus grande opiniâtreté, puisqu'il est outenu de l'armée ou d'un gros corps auquel il doit onner le temps d'arriver.

Dans une arrière-garde, au contraire, il doit éviter e combattre et de s'engager le plus qu'il lui sera possible ; et s'il y est forcé, après avoir repoussé l'ennemi, doit bien se garder de le suivre, puisque l'objet de ennemi qui l'attaque, doit être de retarder sa marche our donner le temps à des forces plus considérables arriver sur lui, et que le sien doit être de faire sa etraite sans perte.

Lorsqu'il aura à suivre un ennemi battu, il ne eut le faire trop vivement, sans cependant abandonner sa poursuite la totalité du détachement ; mais, selon a force, il en laissera débander une ou plusieurs oupes pour l'atteindre et l'empêcher de se rallier ; t suivra avec le gros, au trot et en bon ordre, pour tre toujours en état de résister à des troupes fraîches, 'il en survenoit.

Au contraire, lorsqu'il lui sera ordonné de pousser n corps que l'ennemi présenteroit devant lui pour ouvrir ses manœuvres, sa marche ou sa retraite, doit l'attaquer avec la totalité du détachement le lus vivement possible, son objet étant alors de percer e masque pour voir ce que l'ennemi a, ou ce qu'il fait u-delà.

L'escorte d'un convoi étant faite pour le défendre t le conduire sûrement à sa destination, l'objet nique de l'officier qui la commande doit être de le ouvrir, d'éviter de combattre autant qu'il lui est ossible, de ne le faire que forcément, mais avec vigueur ; et quelque avantage que, dans ce cas, il puisse voir sur l'ennemi, de ne le point poursuivre, et le continuer sa marche aussitôt qu'il le peut avec ûreté.

Quand il sera chargé d'aller aux nouvelles, ou de reconnoître la marche ou la position d'un ennemi, il doit marcher avec la totalité du détachement, jusqu'à une certaine distance de l'ennemi; de là il d tachera des troupes à cheval qui se soutiendront e échelons; il se portera légèrement avec les plus avan cées sur quelque hauteur ou autre point d'où il puis bien découvrir; et après avoir observé attentivemen ce qu'il a ordre de tâcher de connoître, il replie de même légèrement les troupes qu'il aura avancées et rejoindra le gros de son détachement; son obj étant alors rempli, et n'en devant plus avoir d'autr que d'aller informer le général de ce qu'il aura v et appris.

Pour s'acquitter de ces différentes commissions, tou commandant de détachement observera ce qui suit :

De quelque force que soit son détachement, il l fera toujours marcher avec les plus grandes précaution ayant des patrouilles en avant de lui, derrière et su ses flancs, et ne s'engageant dans aucun village, che mins creux, bois ou plaines, sans les avoir fait soigneu sement reconnoître.

Il observera de disposer les troupes qui composeron son détachement, dans le terrain et dans l'ordre q leur est propre, de manière que, dans la plaine, l cavalerie couvre l'infanterie, et que, dans les pay coupés, l'infanterie protége la cavalerie.

Dans les pays mêlés de plaines et défilés ou bois, entremêlera ces deux corps, de manière qu'ils puissent au besoin, se secourir mutuellement.

Lorsqu'il marchera la nuit, dans quelque nature d terrain que ce soit, il mettra toujours la plus grand partie de son infanterie à l'avant-garde, la faisant pré céder par un petit détachement de cavalerie pour alle plus en avant, et l'avertir de l'arrivée de l'ennemi; fera suivre son infanterie par le gros de sa cavalerie à la queue de laquelle il mettra quelque infanterie qui sera elle-même suivie d'un petit détachement d cavalerie pour faire son arrière-garde, et l'instruire d ce qui pourroit venir sur ses derrières.

La raison de cette disposition est que si, la nuit le gros de la cavalerie faisoit l'avant-garde, et qu'ell fût culbutée par l'ennemi, elle passeront nécessaire ment sur le corps de l'infanterie qui seroit derrière elle, et y causeroit le plus grand désordre, qui seroit très-difficile à réparer ; d'ailleurs, il est peu possible de faire usage de la cavalerie la nuit, au lieu que l'infanterie peut toujours, par son feu, pousser ou arrêter l'ennemi ; et en cas qu'elle fût obligée de plier, elle ne cause point de désordre, irrémédiable dans la cavalerie. Si le détachement marche en retraite, il prendra l'ordre contraire.

Tout commandant de détachement, et sur-tout de ceux qui se portent sur l'ennemi, et sont exposés à être attaqués dans leur retraite, doivent, en marchant en avant, examiner avec le plus grand soin le pays qu'ils parcourent, faire attention aux bois, marais, ponts qu'ils traversent, et bien reconnoître les endroits où ils devront placer l'infanterie pour protéger leur retour, et faciliter le passage des défilés à la cavalerie ; et comme l'aspect des pays est différent, suivant le point d'où on les voit, afin de se pouvoir bien reconnoître dans leur retraite, ils s'arrêteront souvent en se portant en avant ; et se retourneront pour prendre des points de vue qui les guident quand ils seront obligés de revenir. Cette attention est bien importante ; pour l'avoir négligée, des détachemens ont été souvent maltraités, ayant manqué de retrouver les ponts et passages, et s'étant jetés dans des obstacles qui les ont arrêtés, et donné à l'ennemi le temps de les atteindre.

Dans les haltes, le commandant mettra son détachement en bataille, faisant face au terrain par où l'ennemi pourroit venir à lui, plaçant en avant et autour de son détachement de petits corps-de-garde, des vedettes et des sentinelles pour être averti, et ne faisant repaître ses troupes que successivement, les uns restant à cheval et en ordre pendant que les autres seront débridés.

Il redoublera de vigilance et de précautions lorsqu'il sera obligé de s'arrêter pour passer la nuit.

S'il se trouve dans le cas d'être attaqué par un corps supérieur ou égal au sien, il disposera son détachement de la manière et dans le terrain le plus favorable aux différentes espèces de troupes qui le composeront.

Tout commandant de détachement alliera la prudence avec le courage, en sorte qu'il ne s'engage point sans nécessité, mais aussi qu'il n'évite point de combattre quand l'objet qu'il doit remplir le demande, et qu'alors il le fasse avec la plus grande vigueur, en donnant lui-même l'exemple; ce qui est la manière la plus efficace d'engager les troupes à faire leur devoir.

L'escorte des convois ou équipages demande des précautions particulières; l'officier qui en sera chargé ne négligera rien pour être averti de la marche de l'ennemi, poussant pour cela des patrouilles sur tous les chemins par lesquels il pourroit venir à lui, et sur toutes les hauteurs d'où on pourra le découvrir. Il ne divisera jamais son escorte en petites parties; mais, suivant sa force, il la séparera en plusieurs divisions : il en placera une à la tête, une à la queue, et les autres intermédiairement, de manière qu'elles puissent se prêter secours, et se réunir au besoin.

Il chargera particulièrement des officiers et sous-officiers choisis de veiller à ce que les charriots marchent toujours serrés, et ne fassent point une trop longue file.

Si le convoi doit passer un défilé ou chemin creux, le commandant enverra des détachemens d'infanterie pour en occuper la tête et les hauteurs qui le bordent, et il mettra son escorte en bataille, pour couvrir son convoi; observant que si c'est par ses derrières qu'il a le plus à craindre, la plus grande partie de l'escorte demeurera en-deçà du défilé, pour en couvrir le passage; si c'est par le côté vers lequel il marche que l'ennemi peut plus facilement l'attaquer, l'escorte se portera en avant du défilé, pour en protéger la sortie; et quand la totalité du convoi aura passé, on se remettra en marche, et les troupes de l'escorte reprendront les postes qui leur avoient été précédemment assignés.

Si, par la supériorité de l'ennemi, le convoi ne

pouroit continuer sa marche sans danger, l'officier qui le commandera fera arrêter et parquer les voitures dans l'endroit le plus avantageux, et il y demeurera jusqu'à ce que, par une défense vigoureuse, il ait pu forcer l'ennemi à se retirer, ou qu'il ait été secouru.

Si, pendant que l'escorte est pressée par l'ennemi ou dans un défilé, quelque charriot du convoi venoit à se briser, la charge en sera diligemment répartie sur les autres, le charriot cassé jeté hors du chemin, et les chevaux seront attelés aux voitures qui en auroient besoin.

Lorsque le convoi s'arrêtera pour passer la nuit, le commandant en fera parquer les charriots dans un terrain libre et découvert, et occupera avec les troupes tous les points et débouchés qui pourront le couvrir. Lorsque son parc sera également en sûreté au-delà, comme en-deçà du village ou ruisseau auprès duquel il s'arrêtera, il fera parquer son convoi au-delà, étant toujours avantageux de passer le défilé lorsqu'on arrive et pendant que les voitures sont en file; mais cet arrangement de commodité doit toujours être subordonné à la sûreté du convoi.

Tout ce qui est prescrit ci-dessus concerne tout commandant de détachement, de quelque nombre de troupes qu'il soit formé; mais dans les détachemens ou escortes particulières de cent cinquante, cent ou cinquante hommes d'infanterie, l'officier qui en sera chargé redoublera d'attention et de prévoyance, le petit nombre de troupes qu'il a avec lui les rendant plus nécessaires.

Il ne séparera point alors son détachement; il mettra seulement une escouade à la tête, une à la queue, et quelques soldats sur les flancs pour faire filer les voitures, y maintenir l'ordre, et l'avertir si l'ennemi paroissoit; et il se placera, avec la totalité de son détachement, dans l'endroit le plus exposé, d'où il se portera avec lui partout où le besoin l'exigera. Si le détachement étoit de cinquante ou soixante hommes seulement, au lieu d'escouades il ne mettroit que deux fusiliers à la tête et à la queue du convoi.

En cas d'attaque, il aura attention de bien ménager son feu, de ne jamais faire tirer la totalité de sa troupe à la fois; mais l'ayant divisée en deux sections, il observera également de ne faire tirer la seconde qu'après que la première aura rechargé. Toute troupe qui marchera seule, quand elle ne seroit que d'une escouade, sera toujours divisée en deux parties, et observera pour son feu ce qui vient d'être dit ci-dessus.

Si, par quelques circonstances, un détachement d'infanterie se trouvoit coupé dans la plaine, ou investi dans un village ou poste dans lequel il se seroit retiré, il s'y défendroit jusqu'à ce qu'il fût dans la situation où il est permis honorablement de capituler. Ces différens cas ont été expliqués au titre 23, ainsi que les conditions de capitulation qu'on est autorisé à accepter.

Si le détachement étoit de cent cinquante, cent ou cinquante maîtres, ils se tiendroient ensemble, comme il a été dit pour l'infanterie. Tout commandant observera de plus, que toutes les fois qu'il n'aura pas d'infanterie avec lui, il ne doit jamais s'enfermer dans les villages, châteaux ou autres lieux fermés; et que, dans tous les cas où il se trouveroit coupé ou séparé du camp où d'un plus gros corps de troupes dont il feroit partie, il n'a que deux partis à prendre; l'un, de tâcher de regagner l'armée, une réserve ou une place par un grand circuit; l'autre, de se faire jour par une charge vigoureuse, et en passant sur le corps aux troupes qui l'auroient entouré: toute capitulation étant interdite en ce cas à la cavalerie.

TITRE XXV.

Des Marches.

ARTICLE PREMIER.

IL y aura toujours des corps de troupes provinciales destinées à l'ouverture des marches et aux expéditions de l'état-major des armées.

2. Ces corps camperont en avant du quartier-général ; et comme ils seront chargés de travaux pénibles, on les cantonnera à portée, toutes les fois que cela sera possible.

3. Lorsque les circonstances l'exigeront, on rassemblera dans le pays des pionniers qui y seront joints, et qui seront employés aux travaux ordonnés, sous les ordres des officiers et sous-officiers desdits corps.

4. Ces pionniers recevront chacun une ration de pain par jour, et les mêmes ne seront jamais gardés plus de quatre jours.

5. Il sera nommé, au commencement de chaque campagne, par le maréchal-général-des-logis de l'armée, un aide-maréchal-général-des-logis intelligent et actif, pour être chargé en chef de l'ouverture des marches.

6. Cet officier aura sous lui des aides-maréchaux-généraux-des-logis ou officiers attachés à l'état-major, en proportion de la force de l'armée, et par conséquent du nombre de colonnes sur lesquelles elle devra habituellement marcher.

7. On affectera un nombre de compagnies provinciales à chacun de ces officiers, pour travailler sous leurs ordres, à l'ouverture des marches de la colonne dont ils seront chargés.

8. On attachera à chacune de ces divisions de compagnies provinciales, un certain nombre de charriots

détachés du parc d'artillerie, chargés d'outils, de poutrelles, de madriers, et l'on y joindra des ponts légers, d'après les nouveaux modèles qui seront déterminés.

9. Les chemins des colonnes seront ouverts, autant qu'il se pourra, à huit toises, afin que les troupes puissent marcher habituellement par peloton. On donnera, autant qu'il sera possible, la moitié de cette largeur aux ponts qui devront se jeter sur les ruisseaux ou ravins.

Il sera pratiqué de plus, sur la droite et sur la gauche des chemins des colonnes, des passages, afin que, sous aucun prétexte, les valets ne puissent gêner les troupes dans la marche.

10. Aussitôt que l'armée sera arrivée dans un camp, le maréchal-général-des logis, après avoir pris les ordres du général, donnera les siens à l'aide-maréchal-général-des-logis chargé en chef des marches, pour en ouvrir une du côté où le général se propose de marcher, et il y fera travailler sur-le-champ avec la plus grande diligence.

Lorsque l'armée séjournera quelques jours dans un camp, il sera ouvert des marches sur tous les points où l'armée pourroit, suivant les circonstances, se trouver obligée de se porter; et les itinéraires et aides de marche, en conséquence, seront toujours prêts au besoin.

11. Les ouvertures des marches, le nombre des colonnes, la disposition des diverses armes dans les colonnes, enfin toutes les combinaisons de l'ordre de marche, se feront toujours relativement et conséquemment à la plus ou moins grande proximité de l'ennemi, et au plus ou moins de possibilité qu'il pourroit avoir d'attaquer l'armée dans son mouvement.

Celles qui se font hors de portée de l'ennemi devant être considérées comme des marches simples, dans lesquelles la commodité et la moindre fatigue des troupes doivent être le premier objet; tandis que celles qui se font à portée de l'ennemi, et surtout d'un ennemi agissant et manœuvrier, doivent être au contraire regardées comme des marches de guerre dans lesquelles l'armée peut avoir besoin de se former partout où l'ennemi peut l'attaquer.

12. On distinguera toujours, en outre, en ouvrant les marches et en faisant la disposition des ordres de marche (et on y apportera plus d'attention encore, lorsque ces marches se feront à la proximité de l'ennemi), celles qui, relativement à la position de l'ennemi, devront s'exécuter par le front de l'armée, et celles qui devront s'exécuter par son flanc. Le nombre et la disposition des colonnes devant être combinés en conséquence et sur des principes opposés, puisque, dans la marche de front, on doit les multiplier, et embrasser, par l'ensemble de la marche, toutes les fois qu'il est possible, un espace égal au front de l'armée, pour qu'elle puisse être plus promptement formée; tandis que, dans les marches de flanc, il faut au contraire marcher chaque ligne ou chaque moitié de ligne au plus, formant sa colonne, et que les chemins des colonnes doivent être ouverts très-rapprochés; de manière que, s'il falloit se former, les colonnes intérieures de la marche eussent peu d'espace à parcourir pour rentrer dans l'ordre de bataille que l'armée pourroit être obligée de prendre pour faire face à l'ennemi.

13. Les principes ci-dessus, qui ne sont que sommaires, et que la nature du pays ou les circonstances peuvent modifier encore, tenant au surplus à la théorie de l'état-major de l'armée, seront développés avec le détail nécessaire dans l'instruction que S. M. fera dresser pour cet état-major, quand on s'occupera de sa constitution et des écoles qui y sont relatives.

14. Le nombre de colonnes et la composition des colonnes seront déterminés par le général, suivant la nature du pays, sa proximité de l'ennemi et les autres circonstances.

15. Les équipages tiendront entre eux l'ordre prescrit au titre 21.

16. Chaque régiment de troupes à cheval donnera

un brigadier et une escouade de garde de police à ses équipages ; ces gardes seront commandées par un lieutenant ou sous-lieutenant par brigade, aux ordres du vaguemestre-général de l'armée. Lorsque les équipages ne marcheront point avec les troupes, et qu'il sera nécessaire de pourvoir à leur sûreté, il leur sera donné en outre une escorte proportionnée aux circonstances, et commandée par un officier supérieur, qui, dans ce cas, aura le vaguemestre-général à ses ordres.

17. Lorsque toute l'armée devra marcher ou prendre les armes et monter à cheval, on sonnera le boute-selle lorsque l'infanterie battra la générale.

S'il n'y avoit que la cavalerie qui dût marcher, on sonneroit des appels au lieu de boute-selle.

18. Il ne sera jamais laissé plus d'une demi-heure d'intervalle du boute-selle au boute-charge, et plus d'une heure du boute-charge à sonner à cheval.

19. Tous les équipages et effets seront habituellement rassemblés tous les soirs et prêts à charger, afin que, si l'armée ou les équipages recevoient, pendant la nuit, ordre de partir, il ne restât qu'à détendre les tentes, pour pouvoir mettre les équipages en marche.

20. On n'avertira jamais à l'ordre que l'armée devra marcher le lendemain ; la générale et le boute-selle seront toujours le signal du départ.

21. Les jours de marche, le trompette de la garde du quartier-général commencera à sonner le boute-selle au moment que cela lui aura été ordonné par le major-général, ou quand le tambour de la garde de la place battra la générale.

Il sortira du quartier-général en sonnant, et ira jusqu'au plus prochain régiment de la ligne, qui donnera aussi le signal pour avertir les trompettes de se préparer à sonner, et incontinent après ils sonneront le boute-selle.

Tous les trompettes des gardes de police le sonneront aussi en même temps.

22. Une demi-heure après le boute-selle on sonnera

le boute-charge, et une heure après le boute-charge on sonnera à cheval : le signal pour les différentes sonneries sera donné pour la ligne par les tambours du premier régiment d'infanterie de la droite, et pour le quartier-général, par celui de la garde de la place.

23. Dès qu'on sonnera le boute-selle, le maréchal-général-des-logis de la cavalerie enverra un de ses aides à chaque division de troupes à cheval, pour porter au major de division l'ordre de marche ou autres disposisions qui devront être exécutées.

24. Toutes les fois qu'on sonnera le boute-selle, les officiers et cavaliers se lèveront, s'habilleront et s'armeront promptement; on sellera et bâtera les chevaux, et on harnachera ceux des voitures.

Au boute-charge, on chargera et on attellera les chevaux.

Lorsqu'on sonnera *à cheval,* les troupes se mettront en bataille à la tête de leur camp.

Les menus équipages se placeront de manière à pouvoir suivre les troupes de leur division; ceux des officiers-généraux de division ayant la tête des menus équipages des troupes, qui garderont entre eux le rang que leurs brigades tiennent dans leur division.

Les gros équipages suivront ensuite dans le même ordre, et les vieilles gardes se rendront au centre de la queue du camp de la seconde ligne de leur division, pour faire l'arrière-garde des équipages.

25. Dans le cas de surprise ou d'attaque, on sonnera le boute-charge et à cheval, sans intervalle, à la suite du boute-selle, et les dispositions prescrites ci-dessus s'exécuteront le plus promptement possible.

26. Au boute-selle, les piquets et les campemens se porteront en avant du centre de la brigade, pour exécuter ensuite les ordres qui les concerneront dans la disposition générale.

27. Les ordres de marche envoyés au major de division par le maréchal-général-des-logis de la cavalerie, seront toujours écrits en cette forme :

Première colonne.

Elle sera composée de la brigade de...... de celle de...... de celle de...... et dans l'ordre où elles devront marcher.

L'artillerie marchera après la brigade de......

Les équipages s'assembleront à......

Les anciennes gardes se rassembleront à...... pour faire l'arrière-garde des équipages.

Et ainsi des autres choses qu'il pourroit avoir à ordonner, énoncées en peu de paroles, sans entrer dans aucun autre détail, et sans instruire une colonne des ordres qui concerneroient les autres, à moins que cela ne devînt nécessaire pour l'intelligence et la disposition générale de la marche.

28. S'il ne devoit marcher qu'une ou deux brigades, les aides-maréchaux-généraux-des-logis de la cavalerie se rendroient en droiture au camp de ces brigades pour leur en donner l'ordre, et ils en instruiroient ensuite les majors de divisions dont elles feroient partie.

29. Toutes les fois qu'on sonnera le boute-selle, les officiers-généraux se rendront à la tête de leurs divisions, et les officiers-généraux et supérieurs de jour, à la tête des piquets.

30. Dès que l'ordre aura été donné pour marcher, ou que l'on sonnera le boute-selle à l'improviste, les majors de brigade enverront aux grand'gardes et postes détachés les ordres qui les concerneront.

31. Les campemens et les nouvelles gardes marcheront habituellement à la tête de la colonne de leurs divisions; mais si le général de l'armée changeoit cette disposition, et qu'il leur assignât un rendez-vous général, le plus ancien officier supérieur de jour de la division les conduira au rendez-vous général, et en prendra le commandement pendant la marche. Arrivés dans le terrain du nouveau camp, ils feront halte, et attendront les ordres des maréchaux-de-camp de jour.

32. Au boute-charge, on fera détendre, plier les tentes et charger les équipages, ainsi que les charriots et chevaux de compagnie; ce qui étant fait, les cavaliers brideront les leurs.

On observera, pour étendre les tentes des cavaliers, que deux hommes par tente se placent aux deux màts aussitôt que les trompettes commenceront à sonner le boutte-charge, et que toutes les tentes tombent à la fois, lorsqu'ils cesseront de sonner.

34. Les officiers et sous-officiers tiendront la main à ce que chaque cavalier rassemble ses effets, outils, armemens et autres ustensiles.

35. Ils leur feront éteindre exactement les feux, et empêcheront qu'ils ne brûlent la paille et les barraques du vieux camp.

Les commandans des corps en seront responsables.

36. Un quart-d'heure avant que l'on sonne à *cheval,* les sous-officiers et cavaliers tourneront leurs chevaux de la tête à la queue, les deux demi-compagnies au quart de compagnies de la même rue se faisant face, et ils demeureront en cet état jusqu'à ce que le commandant de la compagnie en ait fait l'appel; et au moment où l'on sonnera *à cheval,* il y fera monter les cavaliers, et formera la compagnie, ainsi qu'il est prescrit par l'ordonnance des manœuvres.

37. Pour se mettre en bataille à la tête du camp, les commandans de compagnie formeront et aligneront les escadrons, d'après ce qui est ou sera prescrit dans l'ordonnance des manœuvres.

38. Aussitôt qu'on battra la générale et qu'on sonnera le boute-selle, les aides-maréchaux-des-logis de l'armée partiront du quartier-général, pour se rendre à la tête des colonnes qu'ils devront conduire, et remettre leurs itinéraires aux officiers-généraux qui les commanderont.

39. Dès que les troupes seront en bataille, l'aide-maréchal-général-des-logis de la cavalerie chargé de la formation de la colonne de marche de chaque division, y fera entrer les brigades qui devront la composer, et la disposera à se mettre en marche par les mouvemens

prescrits dans l'ordonnance des manœuvres des trou à cheval.

40. Les brigades de seconde ligne viendront en même temps joindre celles de la première, et aussitôt que toute la cavalerie qui devra composer la colonne sera formée, ainsi qu'il vient d'être dit, l'officier-général qui la commandera, la mettra en mouvement.

41. L'exécution des ordres donnés ne devant jamais éprouver de retard, si l'officier-général commandant la colonne n'y étoit pas rendu à l'heure qu'elle devra partir, le plus ancien officier-général ou supérieur présent après lui, la mettra en marche, et dans ce cas il en sera rendu compte, en arrivant au camp, au général de l'armée, par l'officier-général qui aura conduit la colonne à sa place.

42. Les troupes à cheval marcheront, ainsi qu'il a été dit, habituellement par peloton, et l'ordonnance des manœuvres de la cavalarie a établi ou établira des principes pour empêcher qu'elles n'éprouvent aucun ralentissement dans leur marche, lors même qu'elles seront obligées de dédoubler leur front.

Il sera défendu aux valets des officiers de tout grade, de marcher à cheval entre les troupes; ils observeront de se tenir sur le flanc de la colonne à hauteur de l'escadron ou de la compagnie où leurs maîtres seront attachés.

43. Les commandans de brigades détermineront sur quel flanc de la colonne les valets devront marcher, observant que ce soit toujours sur le flanc sur lequel on a le moins à craindre que l'ennemi n'arrive.

44. Il y aura toujours un officier qui précédera de cent pas chaque brigade, pour reconnoître les passages sur la droite ou la gauche des ponts et communications, et les indiquer aux valets.

45. S'il se trouvoit des défilés où ils fussent indispensablement obligés de passer avec leur troupe, ceux de chaque escadron les passeroient à la queue, observant de se former sur le même front que l'escadron marchera, et par rang d'officiers et de compagnie; et aussitôt après le passage du défilé, ils reprendront leur place sur le flanc de la colonne.

Si l'on marchoit en colonne renversée ; ils passeroient devant leurs escadrons.

Une fois pour toutes, il sera ordonné aux valets, soit en marche de régiment, soit en détachement, que lorsqu'il n'y aura point de chemins préparés pour marcher sur les flancs de la colonne, ils aient à se former en troupe à la queue de chaque escadron, sur le même front qu'on marchera, et si l'on marche en bataille, ils se formeront sur un rang derrière leurs escadrons. On chargera un maréchal-des-logis intelligent de veiller à l'exécution de cet ordre.

46. Le maréchal-général-des-logis de l'armée fera toujours faire mention, dans l'itinéraire de chaque colonne, de la moindre largeur des défilés que la colonne aura à passer, et l'officier-général commandant la colonne fera ses dispositions en conséquence, pour faire marcher les valets, soit entre les escadrons, soit à la queue des régimens de la brigade, ou même de la division ; mais dans tous les cas, il ne sera souffert dans les colonnes de troupes à cheval, aucun cheval de bât, ni aucune espèce de voitures, sous tel prétexte que ce puisse être.

Nota. Quand on aura déterminé la forme des moyens de transport des effets de campagne, ainsi que tout ce qui a rapport aux valets et aux équipages, on indiquera, dans la rédaction du code, la place que doivent occuper dans les marches les valets à cheval, chevaux ou charriots de régimens.

47. Si un cavalier est forcé de quitter son rang pendant la marche, il en demandera la permission au commandant de sa compagnie, et on laissera avec lui un sous-officier pour le ramener.

48. On ne laissera jamais arrêter les cavaliers aux puits, ruisseaux ou abreuvoirs pendant la marche.

49. En passant dans les villages, on y laissera, d'escadron en escadron, des officiers et sous-officiers pour faire serrer et empêcher qu'aucun cavalier ne s'y arrête.

50. Si un cavalier est rencontré hors de la marche de l'armée, sans que son capitaine ait averti le commandant du régiment et celui-ci le commandant de la

brigade, celui de ces officiers qui y aura manqué, sera responsable, en son propre et privé nom, du désordre que ce cavalier aura fait.

51. Il marchera sur les flancs de chaque colonne un détachement de la prévôté, avec un des caporaux qui y sont attachés, et les commandans des régimens lui donneront main-forte s'ils en sont requis.

52. Les commandans de brigade et de régiment s'arrêteront souvent pour voir si leurs brigades marchent dans l'ordre prescrit, et si les officiers sont à leurs places.

53. Ils observeront de suivre toujours le mouvement qui sera fait à la tête; de sorte que quand les brigades qui les précèdent feront doubler ou dédoubler, ils fassent aussi doubler ou dédoubler au même point où les autres auront commencé ce mouvement.

Enfin ils veilleront non-seulement à ce que les officiers de leur brigade n'aient à leur suite que le nombre de valets prescrits; mais ils feront encore arrêter tous valets étrangers, chevaux d'équipages, vivandiers, gens sans aveu, soldats, cavaliers et dragons d'autres régimens qui marcheront avec leurs brigades; et les feront remettre au détachement de la prévôté de leur colonne.

54. Les officiers généraux, commandans les colonnes, donneront la plus grande attention à ce qu'elles conservent, pendant la marche, les distances nécessaires pour se mettre en bataille au premier ordre.

55. On se conformera, au surplus, pour les mouvemens qui devront préparer les colonnes à se mettre en bataille, pour les manœuvres par lesquelles elles s'y mettront, et pour toutes les circonstances relatives aux marches, comme haltes, passages de défilés, à tout ce qui est ou sera prescrit à cet égard dans l'ordonnance des manœuvres de la cavalerie.

56. Toutes les fois qu'on fera halte, les troupes se formeront par compagnie, et pour peu qu'elle dût être longue et qu'on fût près de l'ennemi, on se for-

mera par escadrons, ne laissant de l'un à l'autre qu'une demie distance.

57. Les régimens seront environnés de vedettes, pour qu'aucun cavalier ne puisse s'écarter.

58. Les vedettes établies, on fera mettre pied à terre aux cavaliers qui se tiendront auprès de leurs chevaux, sans passer au-delà des vedettes.

59. Tout cavalier qui aura besoin de sortir au-delà des vedettes pour quelque cause que ce puisse être, sera conduit par un sous-officier.

60. Dès qu'on sonnera des appels à la tête, les cavaliers monteront promptement à cheval, et lorsqu'on sonnera la marche, tous les escadrons s'ébranleront à la fois.

61. Soit en partant, soit en arrivant aux haltes, tant que les trompettes sonneront, les cavaliers observeront le plus grand silence; et ce ne sera qu'après qu'ils auront cessé de sonner, qu'il leur sera permis de parler, ne devant alors être assujétis à d'autres précautions qu'à celles de ne point confondre leurs rangs et d'observer leurs distances.

62. Il sera défendu d'entrer dans les grains, pendant la marche, à moins que ce ne fût le chemin de la colonne.

63. On ne fera jamais passer dans les colonnes aucune autre parole que celles de commandement.

Dans les marches de nuit, il sera observé le plus grand silence.

64. Si la colonne ne peut suivre la tête, ou s'il arrive quelque accident ou événement imprévu qui l'oblige de s'arrêter, le trompette qui marchera à la tête de l'escadron demeuré en arrière, sonnera un appel; alors les autres trompettes en sonneront aussi d'escadron en escadron, jusqu'à la tête qui fera halte, en attendant qu'on sonne la marche à la queue, et alors l'officier, commandant l'escadron qui sera arrêté, enverra diligemment un officier avertir l'officier-général commandant la colonne, de ce qui sera arrivé.

Lorsqu'on sonnera la marche à la queue, ce qui

indiquera que la colonne peut se mettre en mouvement, le commandant la mettra en marche.

65. Dans les marches ou haltes, il ne sera rendu d'honneur à personne; seulement, lorsque le commandant de l'armée passera le long d'une colonne qui sera en marche, les cavaliers sans s'arrêter, aligneront leurs rangs. Si la colonne est en halte, les cavaliers se placeront à côté de leurs chevaux, et les officiers à leurs compagnies.

Lorsqu'une troupe en marche rencontrera le Saint-Sacrement, elle s'arrêtera, se mettra en bataille, et exécutera ce qui est prescrit au titre des honneurs militaires; et il en sera usé de même dans les haltes.

66. Un maréchal-des-logis et un brigadier par régiment, avec l'ancienne garde de police du dernier régiment de la colonne en feront l'arrière-garde; cette arrière-garde, ainsi que le maréchal-des-logis et le brigadier détachés par régimens, seront aux ordres du capitaine de police; elle visitera les haies, les chemins creux et villages, pour voir s'il n'y seroit pas caché des cavaliers qui auroient échappé à la vigilance de leurs officiers; elle les arrêtera et les remettra à leur régiment en arrivant au nouveau camp.

67. A l'égard des soldats, cavaliers, dragons, vivandiers ou valets qu'elle arrêtera maraudant, elle les enverra au prévôt.

Le commandant de cette arrière-garde rendra compte au commandant de la brigade de ce qui s'y sera passé; et, s'il y a lieu, celui-ci en informera le commandant de la division.

68. S'il étoit commandé, pendant la marche, quelques gardes ou détachemens, les piquets y marcheroient, et en ce cas, leur tour et détachement seroit censé fait, s'ils ne rentroient pas au camp avec leur colonne.

69. Les escadrons, en arrivant au nouveau camp, s'y mettront en bataille sur le terrain qui leur sera destiné, ainsi qu'il est prescrit au titre 9.

70. Lorsqu'une colonne sera dans le cas d'en croiser

d'autres en marche, celle qui aura reçu l'ordre du général pour les traverser, en fera part aux officiers-généraux qui les commanderont, lesquels feront alors arrêter les leurs, pour que ce mouvement se fasse avec le plus d'ordre et de célérité possibles.

71. Mais quand cela arrivera par quelque hasard ou défectuosité dans la marche, les colonnes ne se couperont jamais, et celle qui se trouvera croisée fera halte jusqu'à ce que toutes les troupes qui composent l'autre aient achevé de défiler.

Les troupes de la colonne qui aura fait halte, passeront avant les menus équipages de la première, ensuite les menus de la seconde, et successivement les gros dans le même ordre.

Il en sera usé de même par les brigades et les régimens.

72. Quand deux brigades ou régimens se rencontreront en route, ils se céderont réciproquement la droite, si le terrain permet qu'ils continuent à marcher; sinon, les troupes à cheval feront halte pour laisser passer l'infanterie.

Les troupes à cheval suivront entre elles le rang qui leur est fixé, et si les brigades ou régimens étoient de même corps, le plus ancien passeroit le premier.

Les troupes en marche ne se rendront aucun honneur.

Les cavaliers et soldats aligneront leurs rangs, et les trompettes des piquets sonneront la marche.

Les tambours de piquet et de police battront aux champs.

73. Lorsque les troupes croiseront une colonne d'équipages, elles la feront arrêter pour les laisser passer; les commandans de ces troupes ne le feront cependant qu'autant qu'il ne leur seroit pas possible de trouver un autre chemin.

74. Il sera commandé tous les jours de marche une garde de police pour marcher à la tête des gros équipages; le maréchal-des-logis qui commandera cette garde sera aux ordres de l'officier d'infanterie qui commandera celle de cette arme.

TITRE XXVI.

Instructions pour les jours de combat.

Nota. Ce Titre sera rempli dans le Code.

TITRE XXVII.

Des Distributions.

Article premier.

Les cavaliers n'iront jamais à quelque distribution que ce soit, sans être assemblés en ordre, et conduits par des officiers et sous-officiers armés.

2. On commandera toujours un lieutenant ou sous-lieutenant par escadron pour chaque distribution, et les cavaliers seront partagés, suivant leur nombre, en plusieurs divisions, et marcheront dans le même ordre que s'ils étoient sous les armes.

Arrivés au lieu où la distribution devra se faire, l'officier qui les commandera les mettra en bataille ; la première division ira recevoir ce qui devra lui être fourni, après quoi elle reviendra à son poste ; la seconde en fera de même, et ainsi des autres.

4. Le quartier-maître du régiment marchera avec les campemens, et se trouvera à toutes les distributions pour les faire faire en règle, et pour en donner des reçus.

5. Si le quartier-maître étoit absent, ou employé à un autre objet, il y seroit suppléé par un des porte-étendards.

6. Les officiers chargés de faire faire les distributions, ne s'y présenteront qu'avec un état exact du

nombre de rations qu'ils auront à demander pour chaque compagnie.

Ces états seront conformes à ce qui est prescrit dans les ordonnances d'administration et de comptabilité.

7. Il se trouvera à toutes les distributions faites des magasins de S. M. un commissaire des guerres préposé par l'intendant de l'armée, pour régler, de concert avec les officiers chargés des distributions, les difficultés qui pourroient survenir : étant très-expressément défendu à ces officiers de se faire justice eux-mêmes.

8. S'il arrive, pendant la distribution, des difficultés que le commissaire des guerres et les officiers ne puissent pas décider eux-mêmes, le commissaire en rendra compte à l'intendant, et les officiers, aussitôt après leur retour au camp, en informeront les majors de leurs brigades, qui en rendront compte au major de division, et celui-ci au maréchal-général-des-logis de la cavalerie.

9. Lorsqu'une distribution quelconque sera commencée, elle ne pourra être interrompue par l'arrivée d'un régiment plus ancien que celui auquel se fera la distribution; mais si plusieurs régimens arrivent en même temps, on commencera la distribution par le plus ancien.

10. Les cavaliers seront conduits à toutes les distributions en sarrau et bonnet. Ils n'iront jamais à cheval aux distributions, qu'à celles des fourrages; devant aller à pied à celle du pain, viande, bois, etc., à moins que cela ne devînt absolument nécessaire par l'éloignement du lieu où elles seroient faites; et en ce cas, l'ordre en sera donné par le maréchal-général-des-logis de la cavalerie.

11. Lorsque l'armée arrivera dans un nouveau camp, le maréchal-général-des-logis de l'armée, indiquera au maréchal-général-des-logis de la cavalerie, les villages où la cavalerie se pourvoira de fourrage et de paille.

12. Il sera réglé la quantité de fourrage qui sera donné à chaque escadron.

13. Un aide-maréchal-général-des-logis de la cavalerie, avec le quartier-maître, ou à son défaut, un des officiers de campement de chaque régiment, ira rassembler dans les villages voisins la quantité de fourrages qui sera nécessaire, la fera sortir hors des maisons; et lorsque les troupes seront arrivées dans le camp, elles y seront menées avec des escortes.

14. Si l'on est obligé d'avoir recours aux maisons occupées par les officiers-généraux, ils en seront prévenus par l'aide-maréchal-général-des-logis de la cavalerie.

15. Dans les camps de séjour, lorsque la paille aura besoin d'être renouvelée, le maréchal-général-des-logis de la cavalerie donnera de nouveaux ordres pour qu'il y soit pourvu, et avec les mêmes précautions.

16. Dans le temps des légumes, les commandans des brigades pourront y envoyer un certain nombre d'hommes par escouade, avec une escorte, toutefois après qu'ils en auront demandé l'ordre au maréchal-général-des-logis de la cavalerie.

17. Ils feront reconnoître auparavant le terrain le plus à portée de leur camp, et ils l'entoureront de sentinelles qui ne laisseront passer personne au-delà.

18. Les cavaliers ayant eu le temps de rassembler et d'éplucher les légumes, seront ramenés au camp en ordre, et on ne souffrira pas qu'aucun d'eux reste derrière, ni qu'il y retourne.

19. Il sera porté la plus grande attention à ce que ces distributions soient proportionnées aux besoins du cavalier, et à ce qu'il ne cueille que des légumes mûrs et sains.

20. Lorsqu'il sera fait à des détachemens des distributions particulières en pain, viande et fourrages, l'officier ou sous-officier qui aura donné son reçu, sera obligé d'en rendre compte à son retour au camp, afin

que le quartier-maître puisse l'enregistrer, et connoître sur qui la retenue devra être faite lorsqu'elle sera ordonnée.

21. Il se trouvera toujours un aide-maréchal-général-des-logis de la cavalerie aux distributions de l'armée, pour examiner l'espèce de fourniture, et veiller à ce que tout s'y passe dans l'ordre prescrit. Il y aura avec lui un caporal de la prévôté pour faire punir sur-le-champ les cavaliers ou valets qui pourroient y manquer.

22. Pour que les distributions de pain soient faites plus promptement, et diminuer la fatigue des troupes, les caissons de vivres, autant que cela sera possible, se diviseront en trois parties, dont l'une se rendra au centre des deux lignes, derrière le premier régiment d'infanterie de la droite; elle sera destinée à donner le pain à l'aile droite de la cavalerie et à la première division d'infanterie : la seconde partie des caissons se placera au centre des deux lignes, entre la seconde et la troisième division, et servira pour les troupes qui les composent. La troisième partie sera pour celles de la quatrième division et l'aile gauche de la cavalerie.

Pendant la guerre, la ration de pain sera augmentée de quatre onces, en sorte qu'elle pèsera vingt-huit onces.

23. On aura de même l'attention de faire approcher les caissons des corps campés en réserve.

24. Les distributions de viande se feront de même dans plusieurs endroits marqués par le major-général, qui assignera l'heure à laquelle elle devra être tuée, afin qu'elle ait le temps d'être refroidie avant d'être livrée; et il ne permettra jamais, à moins d'une absolue nécessité, qu'elle soit livrée chaude, à cause du déchet qui en résulte pour le soldat.

Les officiers chargés des distributions dans les régimens ne pourront plus s'attribuer les langues des bœufs tués pour les livraisons qui leur seront faites; lesdites langues seront données à tour de rôle à chaque compagnie.

25. Il sera distribué aux troupes du riz au commencement et à la fin de la campagne, lorsque la terre ne produit plus de légumes ; et dans les pays où on n'en cultive point en plein champ, il sera donné du riz pendant toute la campagne.

26. On renvoie au surplus, pour tout ce qui concerne les distributions, aux ordonnances de discipline et d'administration.

FIN.

TABLE
DES TITRES
CONTENUS DANS CE RÉGLEMENT.

TITRE Ier. DES *préparatifs de campagne. Effets de campemens et d'équipages des officiers supérieurs et subalternes.* Page 3
TIT. II. *Des revues d'entrée en campagne.* 6
TIT. III. *De la marche des régimens pour se rendre à l'armée.* Ibid.
TIT. IV. *Des cantonnemens d'entrée de campagne.* 7
TIT. V. *Des Brigades.* 8
TIT. VI. *Du campement.* 9
TIT. VII. *De la forme du camp.* 11
TIT. VIII. *Des établissemens dans les camps.* 13
TIT. IX. *Des piquets et du service intérieur de garde et de partie du camp.* 19
TIT. X. *De la composition des gardes et détachemens, et de l'ordre à observer dans les régimens pour commander le service.* 25
TIT. XI. *De l'assemblée, inspection et départ des gardes et détachemens.* 31
TIT. XII. *Des règles de police, discipline et service intérieur dans le camp.* 33
TIT. XIII. *De l'organisation des armées, et des états-majors généraux.* 43
TIT. XIV. *Des avant-gardes, des corps détachés et des réserves.* 48
TIT. XV. *Des fonctions des officiers-généraux et supérieurs de jour.* 51
TIT. XVI. *De l'ordre et du mot.* 53
TIT. XVII. *De l'ordre à observer pour commander le service dans l'armée.* 57
TIT. XVIII. *Des détachemens, du rang que les*

troupes y garderont entre elles, et du rang que les officiers tiendront entre eux pour les commander. Page 59

Tit. XIX. *De la discipline et police dans les armées et dans le quartier-général.* 64

Tit. XX. *De la Prévôté.* 69

Tit. XXI. *Des équipages des officiers-généraux, des vaguemestres généraux et particuliers, et de la police des tables.* 73

Tit. XXII. *De l'arrivée et du service des gardes dans leurs postes, des vedettes et des sentinelles.* 79

Tit. XXIII. *Instruction particulière pour les grand'-gardes de cavalerie.* 92

Tit. XXIV. *Instruction pour les commandans des détachemens et escortes de convois.* 94

Tit. XXV. *Des marches.* 101

Tit. XXVI. *Instruction pour les jours de combat.* 114

Tit. XXVII. *Des distributions.* Ibid.

FIN DE LA TABLE.

De l'Imprimerie de Demonville, rue Christine.